ética e
sociologia
da moral

ética e sociologia da moral

ÉMILE DURKHEIM

Tradução
PAULO CESAR CASTANHEIRA

MARTIN CLARET

© Copyright desta tradução: Landy Editora Ltda.
Direitos cedidos à Editora Martin Claret Ltda., 2016.

DIREÇÃO
Martin Claret

PRODUÇÃO EDITORIAL
Carolina Marani Lima
Mayara Zucheli

DIREÇÃO DE ARTE E CAPA
José Duarte T. de Castro

DIAGRAMAÇÃO
Giovana Gatti Quadrotti

REVISÃO
Patrícia Murari

IMPRESSÃO E ACABAMENTO
Paulus Gráfica

Este livro segue o novo Acordo Ortográfico da Língua Portuguesa.

Dados Internacionais de Catalogação na Publicação (CIP)
(Câmara Brasileira do Livro, SP, Brasil)

Durkheim, Émile, 1858-1917.
 Ética e sociologia da moral / Émile Durkheim;
 tradução Paulo Castanheira. – São Paulo: Martin Claret, 2016.

Título original: La science positive de la morale en Allemagne
ISBN 978-85-440-0130-1

1. Ciências sociais e ética 2. Ética - Alemanha - História - Século
19 3. Ética moderna - Século 19 I. Título II. Série.

16-06859   CDD-303.372

Índices para catálogo sistemático:
1. Ética e sociologia da moral   303.372

EDITORA MARTIN CLARET LTDA.
Rua Alegrete, 62 – Bairro Sumaré – CEP: 01254-010 – São Paulo, SP
Tel.: (11) 3672-8144 – www.martinclaret.com.br
1ª reimpressão em 2018

SUMÁRIO

Nota do editor   7

ÉTICA E SOCIOLOGIA DA MORAL

1. Economistas e sociólogos   13
2. Os juristas: Rudolf Jhering   33
3. Os moralistas: Wilhelm Wundt   45
4. Conclusão: A. H. Post   79

Apêndice   91

NOTA DO EDITOR

A presente obra é originalmente um artigo resultante do período em que Durkheim esteve na Alemanha em contato com a filosofia e as ciências sociais que então ali se desenvolviam. Foi publicado em 1887, no vol. XXIV da *Kevue Philosophique*, e recebeu o título "La Science positive de la morale en Allemagne". O título que adotamos na presente edição, *Ética e Sociologia da Moral*, emprestamo-lo da edição norte-americana preparada por Robert T. Hall, publicada em 1993 pela Prometheus Books.

Na França só se conhecem dois tipos de moral: a dos espiritualistas e kantianos, e a dos utilitaristas. Mas surgiu recentemente na Alemanha uma escola de teóricos morais que se propôs estudar a ética como uma ciência especial, com seu método e seus princípios. As diferentes ciências filosóficas tendem cada vez mais a se afastar umas das outras e a abandonar as grandes hipóteses metafísicas que sempre foram a sua raiz comum. Hoje a psicologia não é materialista nem espiritualista. Por que o mesmo não poderia ser válido para a moral?

A Ética que Wilhelm Wundt publicou no mês de outubro[1] *passado ofereceu uma base para tais esforços, que até então eram vagos e mal concebidos tanto em si quanto nos objetivos que se propunham. Para avaliarem sua inteireza essa importante obra, é necessário conhecer o movimento do qual ela é, por assim dizer, a expressão filosófica. Esse estudo é tanto mais necessário na medida em que todas essas obras são praticamente desconhecidas em nosso país. No entanto, elas não têm apenas um interesse histórico. Veremos, na verdade, ser possível encontrar nelas algumas indicações valiosas da direção da evolução da moral, caso ela se elevasse à condição de uma ciência.*[2]

---

[1] Wilhelm Wundt, *Ethik: Eine Untersuchung der Thatsachen und Gesetze des Sitdichen Lebens*, VI, 77 p., Stuttgart, 1866.

[2] É claro que este não é o único movimento na Alemanha hoje. Os kantianos ainda são numerosos e o utilitarismo começa a se afirmar; *The Data of Ethics*, de Herbert Spencer, teve mais sucesso que suas obras anteriores. Mas não há nada de novo nos dois movimentos.

ÉTICA E SOCIOLOGIA DA MORAL

1. ECONOMISTAS E SOCIÓLOGOS

Quando apresentou ao público francês a psicologia experimental alemã, M. Ribot informou aos leitores não existir na Alemanha nem na Inglaterra, escola alguma de psicologia reunida em torno de personalidades importantes, mas apenas uma discussão confusa e impessoal. Observou também que o progresso desse tipo de psicologia não se deveu aos filósofos ou aos psicólogos profissionais, mas aos fisiologistas e a estudiosos de diversas origens.

Da mesma forma, o movimento ético que estamos discutindo aqui ficou ignorado e parcialmente latente durante muito tempo. Ele veio preencher a necessidade sentida simultaneamente por muitos pensadores, embora ainda não houvesse assumido forma definida. Deu origem a vários pontos de vista espalhados em inúmeras obras, os quais, entretanto, ainda não tinham sido reunidos nem consolidados. Enfim, essas ideias não foram lançadas pelos moralistas, mas por juristas e principalmente economistas. Esse movimento se iniciou na economia política.

Houve, e ainda há, muita discussão na França relativa ao socialismo "acadêmico" (*Katheder Socialismus*), mas se o termo é conhecido, a realidade não o é. Os economistas ortodoxos, que no nosso país ainda detêm grande influência, já perdida em outros países da Europa, tudo fizeram para distorcer seu espírito e caráter. Nada viram nele além de uma fé excessiva no poder do legislador e um respeito supersticioso pela autoridade do Estado; não perceberam a causa profunda de que derivam essas doutrinas. Na verdade, o que caracteriza a nova escola econômica é uma ligação íntima entre economia política e moral que reavivou simultaneamente as duas ciências.

Os economistas ortodoxos entendem de três formas a relação entre a moral e a economia política. Para alguns, reduzindo-se o conceito de moral ao de utilidade, as duas ciências não são distintas, mas a segunda inclui a primeira. Outros afirmam que as duas são independentes, mas paralelas; desenvolvem-se lado a lado e prestam-se um mútuo apoio. É essa a teoria dos otimistas felizes que não veem no mundo social senão integração perfeita e harmonia providencial. Todas as grandes verdades morais correspondem a verdades econômicas, admitindo-se quando muito, vez por outra, uma influência distante da moral sobre a economia em questões de detalhe.

Finalmente, há a teoria mais simples dos que negam a existência do problema. Segundo Maurice Block, "Já se tentou definir as ligações existentes entre a economia política e a moral procurando entre as proposições econômicas aquelas que lembram certas proposições morais... Este parece não ser o caminho correto. As ciências não são morais nem imorais; elas constatam leis. Quem jamais perguntou se a matemática ou a química têm qualquer ligação com a moral ou a religião?"[1] Em outras palavras, ou eles não admitem a existência da moral em sentido estrito, ou a colocam mais ou menos fora da economia política.

A primeira dessas soluções nunca foi muito bem aceita entre os alemães, que até recentemente se recusavam a aceitar o utilitarismo britânico. Moral e economia política, apesar de vistas como entidades distintas, mantêm um diálogo constante uma com a outra. Essa ideia separa radicalmente a escola alemã da inglesa. Segundo Schöenberg,

> não há dúvida de que os fenômenos econômicos determinam apenas a existência e a situação material das pessoas. Mas essa condição material, ou seja, o tamanho e a segurança da sua renda, a extensão da sua fortuna, a natureza da sua profissão, etc. Tem grande influência sobre as pessoas por condicionar seu estado intelectual e

---

[1] Ver no seu *Dictionnaire Politique*, o artigo "Sciences Sociales".

moral. Exerce influência particularmente decisiva sobre a vida da família, a forma como são mantidos, criados e educados os filhos, sobre a qualidade dos prazeres superiores, a saúde física e mental, o comportamento e a busca de todos os objetivos morais da vida. Os mesmos fenômenos têm também uma influência dominante sobre a força e o poder das nações e sobre seu papel no desenvolvimento da civilização. A capacidade de uma nação de defender sua própria independência contra os estrangeiros e tudo o que ela puder fazer em prol de sua ordem intelectual e moral, a serviço de seus ideais, pela civilização, arte e ciência, dependem essencialmente da condição econômica da sociedade — do crescimento ou redução da sua riqueza.[2]

É verdade que tanto Jean-Baptiste Say quanto Bastiat poderiam ter assinado essa passagem. Mas esta é a diferença: para os economistas ortodoxos, a economia política produz naturalmente suas consequências morais, sem a necessidade de qualquer incentivo ou restrição. Basta que ela seja livre.

Entretanto, para os economistas alemães, essa harmonia tão desejável das duas ciências e dos dois modos de ação não passa de um sonho de teórico, uma hipótese que os fatos raramente confirmam. O progresso industrial e o moral não são necessariamente coincidentes. Em consequência, como se espera que a moral aprimore o mundo, ela deve exercer uma influência reguladora sobre a economia política. O abismo que separa as duas ciências é assim preenchido, mas sem que elas se confundam. O problema da economia política é ético por natureza; seu objetivo é moral. "Economia social (*die Volkswirtschâft*) não consiste apenas na produção empresarial. Importante acima de tudo não é saber como produzir tanto quanto seja possível, mas saber como vivem as pessoas, saber até que ponto a atividade econômica realiza os fins morais da vida, as exigências de justiça, humanidade e moralidade, que se impõem a toda sociedade humana."

---

[2] *Handbuch derpolitischen Ökonomie*, l.º fascículo, p. 15.

Entretanto, é preciso reconhecer que a tais fórmulas, geralmente satisfatórias para os economistas, falta precisão. Devem ser entendidas menos como doutrinas científicas propriamente ditas do que como nobres aspirações justificadas pela compreensão errônea de fatos mal analisados. As duas ciências estão relacionadas, mas a relação entre elas não é evidente; elas se tocam sem se penetrar. Parece mesmo que se poderia tratar de uma independentemente da outra, para buscar depois as relações entre elas e a adaptação das leis econômicas às máximas da moral. A nova escola de economia, diz Menger, não substitui a antiga, pretende apenas submeter a julgamento moral as verdades estabelecidas por ela;[3] essa crítica é igualmente aplicável a alguns dos socialistas acadêmicos. Mostrar por alguns exemplos que as atividades econômicas têm implicações morais não é suficiente para tornar clara a intimidade entre economia política e moral. Como tudo no mundo se relaciona, não há nada de anormal no fato de as duas partes da mesma realidade reagirem uma com a outra. Ao contrário, é necessário provar que essas duas ordens de fatos, apesar de inteiramente diferentes, são realmente de mesma natureza. Foi essa a demonstração realizada por Wagner e Schmoller, o primeiro no seu manual de economia política,[4] e o segundo num artigo intitulado "Sobre algumas questões fundamentais do direito e economia social".[5]

Para a escola de Manchester, a economia política consiste na satisfação das carências do indivíduo, especialmente das suas necessidades materiais. Nesse sentido, o indivíduo é o objetivo único das relações econômicas; tudo é feito pelo e para o indivíduo. A sociedade, por sua vez, é uma abstração, uma entidade metafísica que os cientistas podem e devem ignorar. Esse termo se refere apenas

---

[3] Karl Menger, *Untersuchungen über die Methode der Social-wissenschaften*, Leipzig, 1883, cap. VI, VII e Apêndice IX.
[4] Adolf Wagner, *Lehrbuch der Politischen Ökonomie*, Leipzig, 1879, vol. I, principalmente a parte 2 (p. 343-821).
[5] Gustav Schmoller, *Über Einige Grundfragen des Rechts und de Volkswirtschaft*, Jena, 1875, especialmente capítulo III, intitulado "Wirtschaft, Sitte, und Recht" (Economia política, costumes e direito).

às interrelações entre as ações individuais; um conjunto que nada mais é do que a soma de suas partes. Em outras palavras, as grandes leis da economia seriam as mesmas, ainda que não existissem no mundo nações e Estados; tais leis pressupõem apenas a presença de indivíduos que trocam entre si os seus produtos. No fundo, os economistas liberais são, sem o saber, discípulos de Rousseau, cujas ideias repudiam. Reconhecem, é verdade, que o estado de isolamento não é ideal; mas, assim como Rousseau, veem nos laços sociais apenas uma relação superficial determinada por interesses mútuos. Veem a nação como uma imensa corporação, por cujas ações os indivíduos recebem exatamente o que tiverem oferecido, e na qual se permanece apenas enquanto se é adequadamente remunerado. Ademais, parece-lhes correto que seja assim; pois uma vida coletiva intensa demais se tornaria logo uma ameaça à independência do indivíduo, que para eles é prioritária acima de tudo. Dessa forma, as mais consequentes dentre essas teorias não hesitam em declarar que os sentimentos nacionais não passam de resíduos de preconceito que algum dia hão de desaparecer.[6] Sob tais condições, a atividade econômica não pode ter outra motivação senão o egoísmo. A economia política separa-se assim radicalmente da moral, se é que ainda restará algum ideal moral para a humanidade depois de dissolvido todo vínculo social.

Foi esse conceito que Wagner e Schmoller atacaram. Para os dois, pelo contrário, a sociedade é um ser real que, embora não exista fora dos indivíduos que a compõem, tem mesmo assim natureza e personalidade próprias. Expressões comuns, tais como "consciência social", "espírito coletivo" e "o corpo da nação" não têm apenas valor linguístico: expressam fatos eminentemente concretos. Não é correto afirmar que o todo é igual à soma de suas partes. Do fato de existirem relações bem definidas entre as partes e de elas se associarem de forma determinada resulta uma coisa nova: uma entidade reconhecidamente composta, mas dotada de propriedades especiais que, sob certas condições, pode até mesmo

---

[6] Ver G. Molinari, *L'Évolution Politique*, Paris, 1884.

ter consciência de si própria. A sociedade, portanto, não se reduz a uma massa confusa de cidadãos. Como tem necessidades próprias, algumas das quais são materiais, o ser social institui e organiza para satisfazê-las uma atividade econômica diferente da que exerce um indivíduo qualquer ou a maioria dos cidadãos, mas que é exercida pela nação em conjunto. É esse o significado do termo *Volkswirtschaft* (economia social), cujo sentido nem sempre foi percebido por nossos economistas, e que no entanto resume e caracteriza o conjunto dessa filosofia econômica. Segundo Wagner, "O *Volkswirtschaft* é análogo ao termo povo: um todo real. Economias privadas (*die Einzelwirtschaften*) não são partes, são membros dele".[7] Longe de ser uma abstração lógica, a economia social — na falta de melhor termo, traduzimos assim a palavra *Volkswirtschaft* — é a realidade verdadeira e concreta, e é a economia privada que se torna uma abstração quando se tenta vê-la como entidade totalmente independente e não como parte de um todo. A economia privada só tem lugar na ciência como um elemento da economia coletiva, que se transforma assim no tema imediato da economia política. Em outras palavras, a ciência da economia trata prioritariamente dos interesses sociais e, apenas como consequência, dos interesses individuais.

Sem nos propormos discutir as bases últimas da ética, parece-nos indiscutível que a função prática da moral é na realidade tornar a sociedade possível, ajudar as pessoas a viverem juntas sem muitos prejuízos ou conflitos, em resumo, dar salvaguarda aos grandes interesses coletivos. Não é verdade que o argumento favorito e mais profundo dos moralistas metafísicos consiste essencialmente em mostrar que as doutrinas empíricas não explicam os princípios elementares que fundamentam o conjunto da sociedade? Se isso é verdade, então o objetivo da economia política é análogo ao da moral. Uma não se confina à esfera estreita dos interesses individuais, e a outra tem abertas diante de si as perspectivas quase indefinidas do ideal impessoal. Mas ambas tentam igualmente

---

[7] *Handbuch*, p. 68.

entender, embora de diferentes pontos de vista, a forma como vivem e se desenvolvem as sociedades.

Talvez não haja nada de novo nesse conceito. Não foram os próprios utilitaristas que fizeram do interesse coletivo a base da moral? Sim, mas para eles o interesse coletivo é apenas mais uma forma do interesse próprio; o altruísmo não passa de egoísmo disfarçado que complacentemente fecha os olhos à sua própria natureza. Se existe nessa doutrina terreno comum entre a moral e a economia política, é o fato de que as duas se reduzem à condição de instrumento do egoísmo.

Para os economistas alemães, ao contrário, os interesses do indivíduo e os da sociedade nem sempre são coincidentes. Como é diferente da soma aritmética de seus cidadãos, a sociedade tem em cada uma de suas funções seus próprios objetivos que superam infinitamente os do indivíduo e que nem sempre são do mesmo tipo. Seus fins não são os nossos, apesar de sermos obrigados a lutar por eles. Os serviços econômicos que o Estado exige de nós nem sempre nos são pagos com exata reciprocidade, embora sejamos obrigados a prestá-los.

Se prestamos tais serviços, não há de ser por interesse pessoal, mas por altruísmo; e se há alguma relação próxima entre economia política e moral, é o fato de ambas atribuírem valor ao sentimento de abnegação.

Pode-se ver como falta base às objeções constantemente levantadas pelos economistas clássicos contra os socialistas acadêmicos. Censuram nestes a complicação desnecessária das conclusões da ciência e a confusão que introduzem. Admitem que as ideias morais e as regulamentações legais geralmente afetam e alteram o curso dos eventos econômicos. Mas tais eventos formam uma ordem distinta de fatos que seguem leis próprias, apesar da interdependência que há entre eles e outros fatos sociais. Não seria, portanto, melhor estudá-los abstraindo essas causas de perturbação que alteram sua evolução natural? A abstração não é um processo científico legítimo?

É claro que sim, mas nem todas as abstrações são igualmente justificáveis. A abstração é o isolamento de uma parte da realidade, não se trata de fazê-la desaparecer. Mas o que geralmente fazem nossos economistas tem o efeito de esconder exatamente o objeto da economia política que interessa aos socialistas acadêmicos: a função econômica do organismo social. Para refutá-los, seria necessário demonstrar que essa função coletiva não existe, e para tanto seria forçoso provar antes que a sociedade é apenas uma coleção de indivíduos. Ora, essa é uma afirmação que geralmente se propõe como axiomática, mas que ninguém jamais demonstrou.

Que diferença existe então entre moral e economia política? Uma é a forma da qual a outra é a matéria. O que pertence propriamente à moral é a forma de obrigação que se prende a certos tipos de ação e deixa neles a sua marca. Sob certas condições, os fenômenos econômicos disfarçam essa obrigação, assim como o fazem todos os outros fatos sociais. Isso evidentemente não quer dizer que os fenômenos econômicos constituam em si todo o conteúdo da moral; mas eles formam uma parte muito importante dela. Quando a utilidade coletiva dos fenômenos econômicos fica claramente demonstrada, quando recebem a consagração do tempo, eles parecem se tornar obrigatórios para a consciência e se transformam em prescrições jurídicas ou morais. Desta forma, quando as sociedades se tornam gradualmente mais populosas, torna-se necessária a agricultura intensiva, bem como, e simultaneamente, a propriedade privada, que é a sua condição. Eis por que essa forma de propriedade se apresenta cada dia mais como um direito sagrado que o moralista demonstra e a lei sanciona.

Schmoller demonstrou facilmente como se dá essa transformação. Depois de repetida várias vezes, a mesma ação tende a se reproduzir da mesma forma. Pouco a pouco, pela formação de hábitos, nosso comportamento assume uma forma que então se impõe à nossa vontade com a força de uma obrigação. Sentimo-nos compelidos a executar todas as nossas ações segundo o mesmo padrão. O mesmo se dá com as relações sociais e com as manifestações do nosso comportamento privado. Depois de um período inicial de tentativas e instabilidade, elas se fixam assumindo a forma que se reconhece pela experiência como a melhor, e a partir de então somos compelidos a nos conformar a ela. Essa força da obrigação é, ademais, não apenas a autoridade do uso comum: é um sentimento, mais ou menos claro, de que essa é a forma exigida pelo interesse público. E assim que se formam os costumes, as primeiras sementes de que nascem o direito e a moral; pois moral e direito são apenas hábitos coletivos, padrões constantes de ação que se tornam comuns a toda uma sociedade. Em outras palavras, são como a cristalização do comportamento humano; e os fenômenos econômicos, assim como quaisquer outros, são suscetíveis de cristalização. Não há dúvida de que eles não podem assumir formas muito rígidas. A medida que o meio em que vivemos se torna a cada dia mais complexo e mais flexível, devemos ter a iniciativa e a espontaneidade necessárias para segui-lo em todas as suas variações, para mudar conforme ele muda. Mas não se pode acreditar que o caos e a incoerência reinem sem restrição no mundo econômico. Uma vez que tenham determinado seu curso, os fenômenos não se alteram por mero capricho. Com o passar do tempo, a vida econômica desenvolve um leito ao qual se ajusta a matéria que por ele flui. Os padrões econômicos se tornam assim fenômenos morais.

Se os economistas ortodoxos e os moralistas da escola kantiana colocam a economia política fora do âmbito da moral, isto se deve ao fato de que as duas ciências lhes parecem estudar dois mundos isolados, sem ligações entre si. Mas se não existe outra diferença entre as duas senão a existente entre conteúdo e continente, torna-se então impossível abstrair uma da outra. E impossível entender as máximas da moral relativas à propriedade, contratos, trabalho, etc. sem entender as causas econômicas de que derivam. E, reciprocamente, teríamos uma ideia falsa de desenvolvimento econômico se ignorássemos as causas morais que nele interferem. A economia política não absorve a moral. Ao contrário, todas as funções sociais contribuem para a produção da forma a que devem se ajustar os fenômenos econômicos à medida que estes contribuem para sua produção. Por exemplo, na medida em que a sociedade exige o aumento da produção, torna-se necessário estimular maior iniciativa pessoal e, em consequência, direito e moral atribuem a cada pessoa uma quota maior de liberdade pessoal. Mas ao mesmo tempo, e sob a influência de causas que pouco se relacionam com as necessidades econômicas, o reconhecimento da dignidade humana se desenvolve e se opõe à exploração abusiva ou prematura de mulheres e crianças. Tais medidas de proteção ditadas pela moral reagem por sua vez sobre as relações econômicas e as transformam, incentivando o industrial a substituir o trabalho humano pelo das máquinas.

De acordo com Wagner,

> a economia política e a filosofia do direito deveriam ser consideradas ciências complementares uma da outra. A filosofia do direito é especialmente necessária em questões relativas à necessidade fundamental do Estado para a vida social, à sua competência,[...] à forma como o Estado organiza as leis relativas à propriedade, contrato e sucessão, à implementação do princípio da justiça distributiva na distribuição dos bens e serviços sociais e das obrigações comunitárias. Mas, assim como a economia política tem de manter contato com a filosofia do direito, esta última tem, no mesmo grau e em nome de seu próprio interesse, de manter contato com o direito positivo e a economia social.[8]

Mas como até hoje esse método raramente foi praticado pelos filósofos, o economista é obrigado a formular sua própria filosofia do direito, e foi exatamente o que Wagner se propôs fazer na segunda parte, a mais importante, de sua obra (*Kecht und Verkehrsrecht*).

Ao aplicar esse método aos direitos pessoais, ele mostra que, independentemente do que já foi dito sobre ela, a liberdade individual não tem em si valor absoluto. Ao contrário, ela tem alguns graves inconvenientes que apenas a sua limitação permite evitar. Nas nossas atuais sociedades, a liberdade só pode ser moralmente boa se for restrita. Aliás, o autor não se satisfaz com vagas generalidades sobre o conceito abstrato de liberdade, mas analisa em detalhe as formas concretas que ela assume na vida prática: liberdade de movimento, de viagem, de imigração e emigração, de casamento, etc. Observa as múltiplas consequências geradas por cada um desses direitos, avalia suas vantagens e desvantagens e define seus limites. Procede da

---

[8] Adolf Wagner, *Lehrbuch der politischen Ökonomie*, Leipzig, 1879, vol. I, p. 290.

mesma forma com relação aos direitos reais. Não tenta estabelecer nem negar o direito de propriedade no abstrato, mas distingue na propriedade a dos bens móveis e a dos imóveis, e então, no âmbito da segunda, define a propriedade agrícola e a urbana, a propriedade de minas, de florestas, estradas, etc. Submete cada uma delas a um exame especial e chega a uma conclusão que, apesar de muito complexa, ajusta-se aos fatos e, por essa razão, permite aplicações práticas. Segundo ele, "A propriedade é a forma mais alta de poder jurídico reconhecido no direito que uma pessoa pode exercer sobre as coisas". Existem portanto limites que variam com o tempo e o lugar e conforme os diferentes tipos de propriedade, mas que, em cada ponto da história, são determinados pelo direito e não pela vontade soberana do indivíduo.

Não vamos considerar os detalhes dessas análises; o que nos deve interessar acima de tudo nesse movimento não é esta ou aquela ideia particular que tenha sido gerada por ele, mas a direção que ele impõe ao estudo da moral. Até agora, para toda escola de moral, tanto para os kantianos quanto para os utilitaristas, o problema consistia essencialmente na determinação da forma geral do comportamento moral da qual seria deduzida a matéria. Começava-se pelo estabelecimento de que o princípio da moral é o bem, ou o dever, ou a utilidade, e a partir desse axioma se deduziam algumas máximas que constituíam a moral prática e aplicada.

As obras que acabamos de resumir, entretanto, mostram que aqui, assim como em todo lugar, a forma não precede a matéria, mas deriva dela e a expressa. Não se pode construir uma moral completa e impô-la mais tarde à realidade; ao contrário, é preciso observar a realidade para dela inferir a moral. E necessário entender a moral em suas múltiplas relações com os inúmeros fatos que lhe definem a forma e que ela, por sua vez, regula. Se é isolada deles, a moral parece não se relacionar a coisa alguma, mas flutuar no vazio. Isolada de todas as inter-relações com a fonte da própria vida, ela fenece a ponto de se reduzir a nada além de um conceito abstrato, inteiramente contido numa fórmula vazia e seca. Pelo contrário, quando se lhe oferece uma relação com a realidade da qual ela é parte, ela surge como uma função viva e complexa do organismo social.

Nada de importante ocorre na sociedade que não inclua uma reação da moral e guarde sua marca. Os economistas, é verdade, chamaram nossa atenção para apenas alguns desses fatos, que lhes interessam particularmente; mas é fácil generalizar as conclusões a que chegaram. Se estiverem certos, não poderemos separar radicalmente a moral da economia política, da estatística nem da ciência do direito positivo, assim como não podemos estudar o sistema nervoso abstraindo os outros órgãos e funções.

Mas se está tão fortemente ligada às sociedades, a moral deve participar dos seus destinos e mudar quando elas mudam. Contudo, a filosofia que dominou até recentemente na Alemanha afirmava ser possível deduzir da natureza humana em geral uma moral imutável, válida para todas as ocasiões e lugares. E o que ainda se conhece como a filosofia do direito natural (*Naturrecht*). Um dos grandes serviços prestados pelos economistas alemães foi precisamente a contestação dessa doutrina e a demonstração, com o auxílio da história, de que não existe entre nossos direitos e deveres morais um único que não tivesse sido ignorado em alguma outra época. Os filósofos tentam estabelecer por meio de argumentos formais que os seres humanos foram criados para a liberdade absoluta: mas o historiador nos ensina que não apenas a escravidão foi um fato universal na antiguidade, mas até mesmo que ela foi útil e necessária. Se o chefe de uma horda ou tribo bárbara tivesse um dia a ideia de permitir a seus súditos a independência de que hoje desfrutamos, teria tornado impossível a vida coletiva. Quando se coloca a moral fora do tempo e do espaço, torna-se impossível fazê-la voltar aos fatos. Se tivessem sido aplicadas a determinadas sociedades, essas supostas verdades eternas teriam causado a sua dissolução. Assim, independentemente de quais sejam a origem e o objetivo último da moral, é certo que ela é uma ciência da vida; acima de tudo ela tem a função de tornar possível às pessoas viverem juntas. Assim, caso se torne uma fonte de morte, ela deixa de ser o que é e se transforma no seu contrário. Portanto, o vício fundamental de todas essas doutrinas é basearem-se numa abstração. A noção geral de uma humanidade, idêntica a si mesma em qualquer tempo ou lugar, não passa de um conceito lógico sem valor objetivo. A humanidade real, humanidade verdadeiramente humana, evolui de acordo com o ambiente que a contém. Ademais, o que facilmente se altera em nós são nossas inclinações, as disposições que nos tornam seres sociais. Exatamente por serem tão complexas, elas têm de ser suscetíveis de mudança rápida. Como direito e moral se enraizam exatamente nessa parte de nossa natureza, não é surpreendente que os dois se transformem com maior rapidez do que o nosso pensamento lógico ou nossas faculdades estéticas.

Se os socialistas acadêmicos reconhecem a evolução das ideias morais, é porque tal reconhecimento é necessário para estabelecer as teses que lhes são caras. De fato, o que historicamente provocou o cisma entre os economistas ortodoxos e os outros não foi a questão absolutamente especulativa da relação entre economia política e moral. A disputa se iniciou a partir de um problema de interesse prático. Tratava-se de saber se a organização da economia poderia ser alterada por intervenção humana. Para a escola de Manchester as leis da economia são tão naturais quanto as da gravidade ou da eletricidade, logo, imutáveis: é possível combiná-las e usá-las, mas não modificá-las nem suprimi-las. O espírito dos alemães nunca pôde aceitar tal fatalismo econômico. De um lado, parecia-lhes muito cedo para desistir da possibilidade de mudanças tão desejáveis. De outro, eles já haviam demonstrado historicamente que essas leis, que se queriam naturais, haviam sofrido mudanças notáveis ao longo do tempo. Mas tornou-se então necessário encontrar entre os fenômenos econômicos aqueles elementos suficientemente flexíveis para tornar possíveis tais mudanças. Se os fenômenos econômicos só se submetessem realmente à influência das causas materiais, tais como o número de habitantes, os níveis de oferta e demanda, e outros, não haveria espaço para contingências. Mas tudo seria diferente se eles contivessem também elementos morais, pois estes, por serem mais flexíveis, se prestam melhor à transformação.

Se os economistas se tivessem limitado a essa afirmação, não haveria objeções à sua doutrina. Infelizmente, eles se deixaram levar por suas preocupações práticas e extraíram dessas verdades algumas conclusões que são claramente não científicas. Do fato de os fenômenos morais serem mais suscetíveis de alteração do que outros, eles concluíram ser possível transformá-los a vontade por via legislativa. Como os fenômenos morais não se originam da natureza das coisas materiais, e sim da consciência humana, eles os viram como construções artificiais que a vontade humana tem capacidade de destruir ou reconstruir, por ter sido a criadora de tais fenômenos. De acordo com Wagner,

> A economia social é um organismo, mas isso não a transforma num produto natural. De certo ponto de vista, ela é com certeza um produto natural, como o é o próprio povo. A exemplo deste, ela de certa forma deve sua existência, sua duração e desenvolvimento a tendências humanas naturais, tais como o instinto de autopreservação e o sexual. ... Mas ela é ao mesmo tempo criação da atividade humana consciente, um produto artificial (ein *Gebilde bewusster menschlicher That, ein Kunstproduct*). É a vontade humana dirigida a um fim definido e agindo de acordo com um plano preconcebido que deu à economia social sua forma intencionalmente determinada.[9]

Ora, para a psicologia contemporânea, fatos psicológicos, morais e sociais, por mais elevados e complexos que sejam, são também fenômenos naturais, pertencentes à mesma categoria que outros. O domínio social, ou seja, as leis morais, só se distinguem de outros reinos naturais por nuances e diferenças de grau. Não há dúvida de que a mudança é mais fácil no domínio social, pois sua matéria é mais elástica, mas não se produz mudança por ordem do legislador; ela só pode resultar da interação com as leis naturais. Mesmo assim, é quase sempre impossível criar mudança com reflexão metódica. Essa é outra verdade psicológica que nossos economistas parecem ignorar. Em sua grande maioria, os fatos sociais são complexos demais para serem compreendidos em sua inteireza pela inteligência humana, por maior que esta seja. Assim a maior parte das instituições

---

[9] Adolf Wagner, *Lehrbuch der politischen Ökonomie*, Leipzig, 1879, vol. I, p. 201-202.

morais e sociais não são resultantes de cálculo ou razão, mas de causas obscuras, de sentimentos subconscientes e de motivos que não têm qualquer relação com os efeitos que produzem e que, em consequência, eles não podem explicar. Finalmente, os socialistas acadêmicos não percebem que estão revivendo Rousseau (a quem atacam) e defendendo uma de suas teorias mais caras; pois eles também passaram a ver as funções superiores da sociedade como nada mais que arranjos artificiais sem nenhuma ligação com a natureza das coisas. Eis a origem do seu excesso de confiança na ação legislativa: essa predileção pelos meios autoritários que lhes é geralmente censurada e que desacredita suas doutrinas para muitos dos melhores intelectos.

Schäffle foi o primeiro a separar as implicações morais de seu movimento econômico, livrando-as em grande parte do grave erro que acabamos de observar. Isso não quer dizer que Schäffle seja um socialista acadêmico; isolava-se tanto de Wagner quanto de Karl Marx e — contrariamente ao que se afirmou na França — não é coletivista nem socialista de Estado. Não se filia a nenhuma escola; sua doutrina tem características próprias que a tornam distinta de qualquer outra. Mas não há dúvida de que a nova escola econômica alemã teve profundo efeito no desenvolvimento de seu pensamento e é possível associá-lo a ela, desde que se preservem as distinções entre os dois.[10]

Em sua obra *Bau und Leben des socialen Körpers,* Schäffle define os princípios gerais da ética.[11] O autor se propõe especialmente a definir direito e moral e mostrar como diferem entre si e se completam mutuamente. Na verdade, faltam clareza e precisão à sua definição. Segundo ele, uma ação só é moral se resultar de um

---

[10] Ademais, tal como os socialistas acadêmicos, Schäffle admite o caráter ético da economia política. Ver na sua obra *Gesammehe Aufsättze,* Tübingen, 1885, os dois estudos intitulados *Mensch und Gut in der Volkswirtschafi* (Humanidade e o Bem na Economia Social) e *Die ethische Seite der national-ökonomischen Lehre vom Werthe* (A Dimensão Moral da Teoria Econômica de Valor).

[11] Vol. I, 550-670; vol. II, 59-81, Tübingen, 1875. Sobre formas particulares de direito, *passim.*

impulso interno. E o movimento espontâneo da consciência, um livre impulso da vontade (die *Selbstbestimmung des Willens von innen heraus*), o qual perderia imediatamente esse caráter diante da mais leve pressão externa. O direito, pelo contrário, consiste num ato externo determinado por uma vontade igualmente externa. A moralidade entre seres vivos corresponde à energia espontânea com que toda célula, tecido e órgão desempenha sua própria função e colabora para a saúde coletiva do organismo. O direito, por sua vez, corresponde às ações e reações mútuas de diferentes unidades orgânicas, aos movimentos que as acomodam entre si e asseguram harmonia entre elas. Mas não é uma restrição importante da moral reduzi-la exclusivamente às disposições livres da vontade? E certamente discutível, ademais, afirmar que os comandos da moral sejam isentos de toda coação; esta é aqui apenas menos explícita e violenta.

Não se deve, contudo, atribuir excessiva importância a essas definições; elas são por forças genéricas e aproximadas, pois o autor não se propunha construir uma ética. Mais importante é ter Schäffle reconhecido claramente o caráter empírico e orgânico da moral e do direito. A moral não é um sistema de regras abstratas que as pessoas trazem gravadas na consciência ou que são deduzidas pelo moralista no isolamento de sua sala. E uma função social ou, mais que isso, um sistema de funções formado e consolidado sob a pressão das necessidades coletivas. O amor em geral, a tendência abstrata ao desprendimento, não existe. O que realmente existe é o amor no casamento e na família, a devoção livre da amizade, orgulho cívico, patriotismo, o amor pela humanidade; e todos esses sentimentos são produtos da história. São os fatos que constituem a substância da moral. O moralista não pode, então, inventá-los nem construí-los; só pode observá-los onde quer que existam e então buscar suas causas e condições na sociedade. Não há dúvida de que o sentido do ideal, essa necessidade que impele as pessoas à insatisfação com tudo que seja relativo e a buscar um absoluto que não podem atingir, intervém na evolução das ideias morais, mas não as cria. Pelo contrário, ele as pressupõe e é capaz apenas de lhes dar uma nova forma.

Mas, apesar de Schäffle pretender, assim como os socialistas acadêmicos, tratar moral e direito como funções orgânicas, ele não postula a excessiva flexibilidade que Wagner lhes atribui. As leis da moral são leis naturais derivadas da natureza humana e da natureza da sociedade; são produtos de uma evolução exclusiva das sociedades humanas cujo curso não se pode alterar arbitrariamente. Para Wagner e Schmoller a sociedade é, pelo menos em parte, uma máquina que se pode mover do exterior; com Schäffle ela se torna realmente um ser vivo que se move do interior. O legislador não inventa suas leis; pode apenas entendê-las e formulá-las com clareza.[12] Elas se manifestam dia a dia, progressivamente, nas nossas relações diárias, na medida em que sentimos sua necessidade; expressam as condições de nossa adaptação mútua. Mas não se pode prever ou calcular a *priori* tais condições. Pode-se apenas observá-las e estabelecê-las com uma precisão tão acurada quanto possível quando estão em equilíbrio. São, portanto, o trabalho comunitário de uma sociedade; os legisladores não têm na sua formação o papel significativo que lhes atribuíram os socialistas acadêmicos, e esse papel se reduz na medida em que cresce o da sociedade.

Schäffle também fala dos perigos da influência legislativa e das vantagens da iniciativa individual com termos que poderiam ser usados por um discípulo de Bastiat. Assim, quando certos economistas o censuram por sua tendência ao autoritarismo, somos levados a imaginar que eles não passaram de uma leitura superficial dos seus livros. Schäffle acredita firmemente, ao contrário dos economistas ortodoxos e de certos filósofos moralistas, que as leis da economia e da moral foram submetidas ao longo da história não somente a pequenas modificações, mas também a profundas transformações. Mas conclui que tais transformações resultam de causas internas e não de pressões mecânicas e exteriores.

Seria um exagero afirmar que Schäffle vê apenas diferenças de grau entre os fatos da vida moral e outros fenômenos da natureza;

---

[12] "Die Positivierung des Rechts ist also keins Schaffen sondern ein Finden." ("Promulgar leis é, portanto, não uma criação, mas uma descoberta.") Sobre este assunto, ver Fricker, "Das Problem des Völkerrechts", *Zeitschrift für die gesamte Staatswissenschaft*, 1872, 92.

seu evolucionismo é muito mais moderado. Segundo ele, o que distingue radicalmente os fenômenos morais e sociais de todos os outros é o fato de serem conscientes e deliberados. Schäffle é assim levado a atribuir à reflexão um papel excessivo na formação das sociedades humanas e na gênese das ideias morais. O que cria todas as grandes instituições morais, diz o autor, é o conhecimento dos fins a que devem servir. Tal representação consciente dos fins é a característica da organização social em geral.

Entretanto, é muito difícil conciliar essa teoria com a anterior, pois a reflexão produz as obras de arte, não as da natureza. A reflexão se corporifica nas máquinas artificiais que construímos, não em organismos vivos. Se os fins sociais pudessem ser entendidos com tanta certeza, poderiam ser projetados, submetidos ao cálculo e às combinações lógicas. Então a iniciativa individual deixaria de ser tão necessária. Nada é mais flexível que as ideias claras; elas reagem sem dificuldade a pequenas mudanças e por vezes evoluem com extrema rapidez.

Se a sociedade fosse um organismo construído com base em ideias claras, ela seria dotada de uma enorme maleabilidade, capaz certamente de atrair a ação do legislador.

Existe aqui uma inegável contradição expressa. Schäffle chama repetidamente a sociedade de produto da arte (*ein Produkt der Kunst*), mas só reconhece um grupo social como verdadeiramente natural, a família, pois ela deve sua origem a um fato fisiológico. É provável que essa contradição seja causada pelo estado atual da psicologia alemã. De fato, os psicólogos alemães veem a vida psíquica como algo inteiramente distinto no mundo. Dizem todos mais ou menos explicitamente que há uma quebra na escala do ser; para eles, a palavra *Natur* designa a natureza menos o homem.[13] O reinado humano estaria submetido a leis absolutamente especiais. É esta, sem dúvida, a origem do intelectualismo de que não conseguem se livrar a moral e a sociologia alemãs.

---

[13] Ver nosso artigo sobre "La philosophie dans les universités allemandes". Revue *Internationale de l'Enseignement*, 13 (1887), p. 313-338, 423-440.

Concluindo, os resultados desse movimento podem ser assim formulados: ao longo de vários anos temos observado um genuíno desmembramento da velha filosofia. A psicologia já ganhou independência; o que a retirou do domínio das ciências filosóficas foi sua afinidade com as ciências biológicas. Não resta dúvida de que chegará o dia em que ela será absolutamente autônoma. Entretanto, até lá ela terá se beneficiado infinitamente do contato com a fisiologia. O estudo da moral na Alemanha está passando hoje pela mesma crise; ela deixa cada vez mais de circular em torno da metafísica e da filosofia geral, atraída para uma esfera de influência das ciências sociais, por meio das quais há de se emancipar. Eis a razão de terem sido os economistas os iniciadores dessa transformação.[14]

---

[14] O leitor talvez se surpreenda por nada termos dito sobre Lilienfeld que, em vários trechos de seu livro *Gedanken ber die Socialwissenschaft der Zukunft*, Mitau, 1873, expressou ideias muito próximas das que acabamos de descrever (ver especialmente vol. I, cap. 27, e vol. III, cap. 11). A razão é o fato de Lilienfeld não pertencer ao movimento que estamos estudando. Todos os teóricos morais que mencionamos aqui veem nos fenômenos morais fatos *sui generis* que devem ser estudados em si, por si e por método especial. O único objetivo de Lilienfeld, ao contrário, é mostrar as analogias entre sociedades e organismos. Apesar de às vezes as conclusões coincidirem, o objetivo e o espírito são totalmente contrários.

1. OS JURISTAS: RUDOLF JHERING

Se for uma função da sociedade, a moral então não se relaciona apenas com os fatos econômicos, mas com todos os fatos sociais dos quais deriva e que formam seu conteúdo. A parte da ética chamada de filosofia do direito deveria então buscar sua matéria no direito positivo. É verdade que na Alemanha, contrariamente ao que se pratica na França, a filosofia do direito nunca se limitou aos filósofos; os juristas já há bastante tempo vêm tratando do *Naturrecht* (direito natural) e desde o início atribuíram a ele uma forma mais positiva. Entretanto, como se supôs que o direito ideal e o real tivessem origens diferentes (o primeiro seria uma consequência do destino humano transcendente e o segundo teria sido criado para as necessidades da vida prática), a interação dos dois foi concebida um tanto artificialmente, o que não se mostrou muito produtivo.

O movimento cuja origem estamos discutindo teve naturalmente de acentuar essa tendência e torná-la mais explícita dotando-a de uma fundamentação lógica. A filosofia do direito, que estava apenas em contato com a ciência do direito, passou cada vez mais a impregnar-se dela. Em 1878, G. Jellinek, professor da faculdade de direito em Viena, publicou uma obra cujo espírito transparece no título: *O Significado do Direito, Atos Ilegais e Punição sob a Perspectiva da Moral Social.* [1] Mas para encontrar o novo conceito da filosofia do direito é necessário consultar os dois enormes volumes que

---

[1] G. Jellinek, *Socialethiche Bedeutung von Kecht, Unrecht und Strafe*, Viena, 1878. Entretanto, o estudo desse livro cabe melhor numa obra sobre criminologia.

Rudolf von Jhering, professor em Gottingen, publicou sobre *A finalidade do Direito*.[2]

A passagem a seguir indica claramente as linhas gerais do método a ser doravante aplicado à ética:

> O velho conceito filosófico de ética tratava-a como um ramo da psicologia e irmã gêmea da lógica; o conceito teológico cristão tratava-a como um ramo da teologia e irmã gêmea da dogmática. Nosso conceito faz dela um ramo da ciência social e irmã gêmea de todas as disciplinas que, tal como ela, têm base no terreno sólido da experiência histórica — a saber, jurisprudência, estatística, economia política e política. Abre-se dessa forma o acesso à ética a todos os representantes dessas diferentes especialidades, que a enriquecem ao lhe oferecer o valioso material que trazem de sua própria ciência, e que também contribuem para o seu progresso ao trazer os conceitos individuais que pertencem por direito a esses estudos especiais. [...] Ademais, o número de disciplinas que estão em posição de oferecer ajuda à ética não é de forma alguma limitado às que acabo de mencionar. Eu próprio estou pronto a usar outras para os objetivos que tenho em mente. Em primeiro lugar, há a ciência da linguagem, que espero poder provar por meio de vários exemplos ser extremamente útil na análise das ideias morais. Há também a mitologia; paralelamente à etimologia, ela é a mais antiga e precisa de testemunhas que podemos consultar com relação às primeiras ideias morais dos povos. Essas duas ciências formam juntas o que se poderia chamar de paleontologia da ética. [...] De outro ponto de vista, outra disciplina, a pedagogia, é convocada a prestar um importante serviço à ética, como veremos quando tratarmos da questão da formação da vontade moral. [...] Quando, pela introdução de todos esses elementos novos oferecidos por suas ciências irmãs e pela aplicação do método histórico empírico que,

---

[2] Rudolf Jhering, *Der Zweck im Kecht*, vol. I, 2.a ed., 1884, 570 p. O segundo volume, 722 p., em oitavo, foi publicado em 1886. A obra ainda não está concluída.

sem se deixar vencer por ideias preconcebidas, examina os fatos da ordem moral com a mesma imparcialidade com que o naturalista examina os fenômenos naturais; quando, afirmo, a ética do futuro tiver assim resolvido a parte empírica de seu problema, o filósofo profissional poderá entrar e criar a síntese.[3]

Essa passagem mostra o ponto de vista do autor. Como jurista, ele fala de direito moral. Seu livro é completamente dominado por uma ideia expressa com mais abundância que precisão ou profundidade, mas que é por isso mais instrutiva para os filósofos moralistas.

Desde a época de Sócrates, os filósofos têm o hábito de reduzir a realidade a um conjunto de conceitos; acreditam poder explicar a vida do indivíduo, bem como a da sociedade, reduzindo-a a um sistema de ideias abstratas logicamente interligadas. Ao proceder dessa forma, entretanto, eles só conseguem perceber as estruturas gerais nas quais acontecem os eventos; a força que os move lhes escapa. Viver não é pensar, é agir; e o fluxo de nossas ideias apenas reflete o fluxo dos acontecimentos que passam constantemente por nós. "Se alguém desse a uma pedra a capacidade de pensar, ela não deixaria de ser pedra; mudaria apenas o fato de que o mundo externo se refletiria nela como a lua na superfície da água". Viver é essencialmente afirmar a própria existência por um ato de poder pessoal (*aus eigener Kraft*). Ora, é a imagem de uma finalidade que provoca a ação. A causa final é o estímulo principal do nosso comportamento, e por conseguinte também da vida social; e como o direito é um fenômeno sociológico, para entendê-lo é preciso buscar sua finalidade. Explicar uma regra do direito não é provar que ela é verdadeira, mas mostrar que ela é útil para alguma coisa, que se ajusta bem ao propósito a que deveria atender (*richtig*). "Apropriação correta (*Richtigkeit*) é o padrão da prática, assim como a verdade é o padrão da teoria."[4]

---

[3] Rudolf Jhering, *Der Zweck im Recht,* Leipzig, 1884, vol. II, p. 124-128.
[4] Rudolf Jhering, *Der Zweck im Recht,* Leipzig, 1884, vol. I, p. 437.

Pode-se censurar Jhering por não ter estudado com mais profundidade o conceito de finalidade. Ele parece geralmente se referir à representação consciente do objetivo, ou pelo menos de um dos objetivos da conduta. Se for esse o sentido do termo, há uma quantidade de nossas ações em que falta qualquer representação de finalidade. Quantas vezes agimos sem saber o objetivo a que nos propusemos! Os experimentos de sugestão no estado hipnótico mostraram novos exemplos dessa antiga observação de Spinoza. Para explicar como acontecem esses tipos de adaptação inconsciente, seria preciso ir além da consciência e estudar a natureza dessa inteligência obscura e difusa que não tem o menor papel na direção de nossas vidas — o mecanismo dos sentimentos, das propensões, dos instintos e dos hábitos, seu efeito no nosso comportamento, e a forma como se modificam quando as circunstâncias o exigem. Tais análises estão completamente ausentes do livro de Jhering, que na verdade parece reconhecer apenas o método subjetivo na psicologia. Ademais, a noção de que todas as nossas ações visam objetivos conscientes ou não é altamente discutível. Ocorrem nas sociedades, assim como nos indivíduos, mutações que têm causas mas não têm fins, algo análogo às variações individuais de Darwin. É possível que entre essas se encontrem algumas variações úteis, apesar de tal utilidade não ter sido prevista nem ser a causa determinante. No entanto, a despeito da importância de todas essas ressalvas, pode-se afirmar de forma geral, de acordo com o autor, que os fenômenos sociais derivam de causas práticas. Para substituir a expressão um tanto metafísica de Jhering por uma linguagem mais científica, poderíamos dizer que todo ato de comportamento humano, seja ele individual ou social, tem por objeto a adaptação do indivíduo ou da sociedade ao ambiente. Não há dúvida de que existem fenômenos que não servem para nada, que não se adaptam a coisa alguma; mas se eles persistem e, acima de tudo, generalizam-se, pode-se ter quase a certeza de que são ou tornaram-se úteis. Pelo menos essa é a hipótese mais provável, a que deve ser testada antes de qualquer outra.

Qual seria então a causa prática que gerou o direito?

Responde o autor, a necessidade de assegurar as condições de existência da sociedade (*Die Sicherung der Lebensbedingungen des Gesells-chaft*). Mas é necessário dar ao termo "condições" um significado muito amplo. "Condições" não pode significar apenas as indispensáveis à sobrevivência pura e simples, mas tudo aquilo cuja falta faria a existência nos parecer sem valor. Honra não é uma condição necessária da vida, mas qual o homem de valor, qual o povo que aceitaria uma vida sem honra? O direito depende, portanto, simultaneamente de causas objetivas e de causas subjetivas. Ele não se relaciona apenas ao ambiente físico, ao clima, número de habitantes, etc., mas até mesmo a preferências, ideias, à cultura da nação. E a razão de ele ser variável, de tomar obrigatório num lugar o que é proibido em outro. Pascal tinha razão: "O que é verdade num lado dos Pirineus é erro no outro". Mas não se trata aqui de verdade, e ela não é comprometida por todas essas variações. Pois, uma vez mais, o direito não é verdadeiro nem falso; ele é adequado ou inadequado ao objetivo que é sua razão de ser.

Mas alguém há de perguntar se regulamentos relativos a selos, alfândega, moeda, etc. são parte do direito; seriam eles uma condição necessária da vida social? Essa objeção confunde meios e fins. Para viver é necessário comer, mas não este ou aquele alimento. Da mesma forma, para cumprir suas funções, o Estado precisa assegurar os recursos necessários, mas não é necessário que ele os obtenha desta ou daquela forma, por meio de um imposto sobre o tabaco, o álcool ou selos. Todas essas medidas detalhadas têm um caráter jurídico, mas derivado. Para entendê-lo é preciso considerar não as coisas em si, mas sua relação com os fins que elas realizam.

Contudo, nem todas as condições de existência de uma sociedade geram disposições legais. Se as ações exigidas pelo bem-estar social não conflitassem com os interesses pessoais, poder-se-ia deixar sua execução a cargo do egoísmo, e a interferência do direito não seria necessária. Ou seja, não precisamos ser obrigados a preservar a vida, nem a perpetuar a raça, a trabalhar, nem a permutar os produtos de nosso trabalho. Mas é possível que em casos excepcionais as tendências naturais não cumpram o seu dever: há suicídios, celibato, mendicância, greves, monopólios, etc. Quando a sociedade padece desses males, ela se protege e os combate por meio do direito. Em casos excepcionais, ela substitui por uma pressão externa e mecânica o impulso interno que falhou. Jhering é levado assim a distinguir três tipos de condições necessárias à existência das sociedades: em primeiro lugar, as que estão fora do direito (*die ausser rechtlichen Bedingungen*); as que se apoiam no direito, mas apenas acidentalmente (*die Gemischt rechtlichen*); e, em terceiro lugar, as que só se realizam através do direito (*die rechtlichen*).

Entretanto, não se deve acreditar que na esfera em que a sociedade geralmente não intervém o indivíduo exerce direitos que derivam de sua natureza e só pertencem a ele. O direito é a mão pesada da sociedade sobre o indivíduo, e onde ela deixa de se fazer sentir, não existem direitos.

Não existe um único direito, nem o mais privado, com relação ao qual eu possa dizer, "Isso pertence inteiramente a mim, sou seu dono e senhor". É a sociedade que assegura todos os direitos que possuo e, se necessário, ela tem o poder de limitá-los e restringi-los. Meus filhos só são meus sob certas condições; minha fortuna só é minha com reservas explícitas. Se, como um idiota, eu a malbaratar, a sociedade intervém e toma de mim a sua administração.

Se existe um direito que parece instituído de forma única com vistas ao indivíduo, é certamente o direito de propriedade. E isso, com efeito, o que se ensina nas escolas. Jhering demonstra sem dificuldade como essa teoria pouco corresponde aos fatos. Será que os direitos de acesso, de requisição, de desapropriação, será que as servidões às vezes impostas a mim sem meu consentimento não representam violações desse direito supostamente inviolável? A cada dia cresce a interferência do direito na esfera do interesse privado. As pessoas se assustam, queixam-se e denunciam o abuso das regulamentações e o socialismo de Estado; mas isso acontece porque elas julgam os fatos de acordo com um princípio apriorístico e um ideal abstrato que não se ajustam à realidade.

Os animais superiores têm um sistema nervoso mais complicado do que os inferiores; da mesma forma, à medida que as sociedades crescem e se tornam mais intricadas, as suas condições de existência ficam mais diversificadas e mais complexas. Eis a razão para a expansão notável dos códigos civis. Coisas que antes eram consideradas luxo são hoje necessárias e impostas pela sociedade aos seus membros: é o caso, por exemplo, do serviço militar e da educação elementar. Parece mesmo ao autor que o círculo da vida estritamente individual está continuamente se estreitando e que o velho direito romano talvez respeitasse mais a liberdade pessoal do que o nosso. Assim expressa, a afirmação de Jhering é com certeza absolutamente falsa. Com o progresso, os seres humanos se distinguem cada vez mais do mundo social e físico que os cerca e desenvolvem um sentido mais forte de si mesmos: a liberdade de que desfrutam aumenta na mesma velocidade que as suas obrigações sociais. Trata-se de um fenômeno obscuro e aparentemente contraditório que, na nossa opinião, ainda não foi bem explicado. O progresso social tem dois lados que parecem se excluir mutuamente, embora geralmente só vejamos um deles. No entanto, não há dúvida de que a ação do Estado se expande cada vez mais e que não é possível atribuir a ela um limite definitivo.

Essa teoria, na verdade, conflita com a doutrina do direito natural, segundo a qual a única função do direito é proteger os indivíduos uns dos outros. A sociedade é representada como um enorme conjunto de feras selvagens que o legislador mantém afastadas umas das outras, confinada cada uma à sua jaula para evitar que se devorem. Mas os teóricos do direito natural têm uma compreensão errada da verdadeira natureza da sociedade e se esquecem de que esta não pode ser reduzida a uma massa de cidadãos, nem o interesse social reduzido à soma dos interesses individuais. Ademais, mesmo que se aceite essa definição absolutamente negativa de direito, não é difícil deduzir dela algumas consequências muito positivas. Os indivíduos não se isolam uns dos outros por um abismo, ao contrário, eles se amontoam uns sobre os outros de tal forma que um não pode se mexer sem que todos os outros o sintam. Não existe uma única ação humana que não interfira no interesse de alguém, que não prejudique alguém, e que, em consequência, possa não ser objeto de medidas legislativas. Com a fórmula de Mill, observa Jhering com toda a razão, sou levado a reduzir a liberdade individual a nada ou a quase nada. Somente com a ajuda de um argumento escolástico comum Mill consegue evitar as consequências do seu princípio e conciliar sua doutrina com os preceitos do direito positivo, dos quais nenhuma sociedade pode prescindir.

Tal é a finalidade do direito. O meio que permite atingi-la é a coação. Pode-se dizer que sobre esse ponto todos os moralistas da escola que estamos estudando são unânimes: todos fazem da coação a condição externa do direito. Mas existem coações de todo tipo: há as que um indivíduo exerce sobre outro, as que se exercem de forma difusa pelo conjunto da sociedade sob a forma de usos e costumes e da opinião pública, e as que são estabelecidas e concentradas nas mãos do Estado. E esta última forma que assegura a eficácia do direito. Onde não há coação não existe direito; e onde a coação não é bem estabelecida o direito não é consistente. E por isso que o direito internacional continua num estado de incoerência e confusão do qual não sairá tão cedo.

Não somente a força é a companheira inseparável do direito, mas é da força que surge o direito. No início, o direito não era mais que a força limitando-se a si mesma em nome de seu próprio interesse. No mundo físico, e também entre os povos primitivos, quando duas forças colidem, o conflito só termina com a destruição do mais fraco. Mas logo se descobriu que era geralmente mais econômico não pretender a completa aniquilação do adversário; daí surgiram as instituições da escravidão, os contratos e os tratados de paz, primeiras formas de direito. Todo tratado é, com efeito, uma ordem que determina um limite para o poder do conquistador: na verdade, é o conquistador que impõe a si mesmo o tratado, mas nem por isso deixa de ser um direito que beneficia o conquistado. Assim, no princípio, a força era essencial e o direito apenas secundário.

Hoje a relação entre esses dois termos é inversa; a força é auxiliar, mera serviçal do direito. Mas não se deve julgar o passado pelo presente. Ademais, pode acontecer de a antiga relação entre força e direito ser temporariamente restabelecida; que a força, em vez de se permitir ser dominada pelo direito, deponha o direito para criar um novo. E o que acontece em todos os golpes de Estado e revoluções; e não se pode condenar sistematicamente esse uso da força em nome de um princípio abstrato. O direito não é em si uma coisa sagrada, é um meio de se chegar a um fim. Só terá valor se cumprir bem sua função, ou seja, se assegurar a vida da sociedade. E se fizer o contrário? Então será natural que a força intervenha e reassuma temporariamente o lugar que já ocupou. *Prímum vivere.*

Em resumo, de acordo com Jhering, o direito é "todas as condições de existência da sociedade asseguradas por meio de uma coação externa imposta pela força colocada à disposição do Estado".[5]

Apesar do título de seu livro, Jhering não se satisfaz em simplesmente determinar a finalidade do direito; ele também busca os motivos que levam as pessoas a respeitá-lo. A razão mais geral e mais poderosa é o egoísmo, e é a ele que se dirige a coação exercida pelo Estado. Mas isso não é suficiente. Se toda a ordem legal se apoiasse apenas no medo, a sociedade não seria mais que uma prisão, onde as pessoas só agem quando veem o chicote erguido. Para que a sociedade seja possível, é necessário que existam em nós alguns sentimentos de desprendimento. Essas tendências, das quais os dois tipos principais são o amor (*die Liebe*) e o senso de dever (*das Pâichtgefuhl*), ultrapassam o domínio do direito e pertencem ao domínio da moral pura (*die Sittlichkeit*) sem a qual o direito não permaneceria. Assim, ao avançar além da estrutura que havia definido, Jhering é levado a esboçar uma teoria completa da moral. Sua exposição começa no segundo volume e continua no terceiro, que ainda não foi publicado. Pode-se entretanto traçar suas linhas gerais.

A moral tem o mesmo objeto que o direito: também ela tem a função de assegurar a ordem social. É por isso que, assim como o direito, ela consiste de preceitos que a coação torna obrigatórios quando necessário. Mas essa coação não consiste em pressão mecânica externa, tem um caráter mais íntimo e psicológico. Não é o Estado que a exerce, mas o conjunto da sociedade. A força necessária a ela não se concentra em mãos claramente definidas, dissemina-se por toda a nação. Nada mais é que a autoridade da opinião pública que ninguém, no topo ou na base da escala social, consegue evitar. Como não se fixa em fórmulas precisas, a moral é

---

[5] Rudolf Jhering, *Der Zweck im Recht*, Leipzig, 1884, vol. I, p. 511.

mais flexível e livre do que o direito, e é necessário que seja assim. O Estado é um mecanismo grosseiro demais para regular movimentos tão complexos do coração humano. Ao contrário, a coação moral exercida pela opinião pública não se deixa tolher por obstáculo algum; sutil como o ar, ela penetra em todo lugar — "tanto o lar da família quanto os degraus do trono". O direito, portanto, se diferencia da moral não apenas por suas características externas mas também por diferenças intrínsecas, embora no estado atual da obra de Jhering não se possa ainda ver claramente em que elas consistem. Só se pode afirmar que a moral se estende muito além do direito. As ações cuja execução ela nos ordena não têm a mesma força que as prescritas pelo direito. Em resumo, o direito é a moral mínima absolutamente necessária à permanência da sociedade.

Tendo demonstrado esses princípios de forma geral, Jhering passa a estabelecê-los indutivamente. Essa parte do livro é inteiramente original; inúmeros fatos são usados para apoiar sua tese. O autor investiga primeiro a linguagem e mostra, depois de uma longa análise praticamente impossível de resumir, que ela apoia sua teoria.[6] Depois ele aborda diretamente e em detalhe as diferentes formas da obrigação moral, ou, como ele diz, os diferentes graus da moralidade. Identifica dois, sem contar o direito, que ele já havia considerado: os costumes e a moral propriamente dita.

Ao definir os costumes, ele acredita que devam ser distinguidos da moda, e assim ele chega a uma teoria muito original desta última. Geralmente se atribui à moda razões inteiramente individuais, como o amor pela mudança ou o gosto pelo enfeite. Mas a explicação não é correta, pois esses motivos são eternos, ao passo que a moda, que se caracteriza por uma instabilidade caprichosa, é um fenômeno muito recente. Sua verdadeira causa é social: resulta da necessidade manifestada pelas classes superiores de se distinguirem externamente das inferiores. Como as últimas tendem geralmente a imitar as primeiras, os estilos se difundem pela sociedade. Mas quando já é adotada por todos, a moda perde

---

[6] Rudolf Jhering, *Der Zweck im Recht*, Leipzig, 1884, vol. II, p. 15-95.

todo valor; ela é portanto condenada por sua própria natureza a se renovar indefinidamente.

Como não tem outra origem que não a vaidade de classe, a moda é externa à moral. Mas o mesmo não se dá com os costumes, que são apoios úteis, geralmente indispensáveis da moral. Essas duas noções não são sinônimas; pode-se agir contra os costumes sem ofender a moral. As ações ditadas pelo costume não são boas em si, mas somente por terem o efeito de tornar impossíveis ou muito difíceis outras ações moralmente condenáveis. Os costumes são medidas preventivas destinadas não a combater o mal, mas a evitá-lo; têm um caráter profilático. Se é contra os costumes uma jovem sair sozinha à noite, é porque nesse horário a sua virtude é mais ameaçada. Em outras palavras, o que o costume proíbe não é em si condenável, é apenas perigoso: os costumes são para a moral o que são os guardas de segurança para o direito. O valor moral dos costumes é real, mas derivado; e, no caso de conflito com a moral, são os costumes que devem ceder. O autor verifica essas proposições gerais com uma análise detalhada dos costumes que ocupa nada menos que 450 páginas do segundo volume e que terá continuidade em volume subsequente ainda a ser publicado. Será nele que encontraremos a teoria da moralidade propriamente dita.

É esse o plano de uma obra que parece ter ficado totalmente desconhecida na França, embora tenha causado certa repercussão na Alemanha. Pode-se certamente fazer muitas restrições a ela. A psicologia de Jhering é muito simplista. Apesar de não ser um utilitarista, ele atribui ao cálculo e aos sentimentos interessados um papel excessivamente importante na formação das ideias morais e parece ignorar outros estímulos igualmente poderosos que têm se manifestado desde o início da evolução humana. Finalmente, como geralmente se dá com os juristas, ele atribui uma importância exagerada à forma externa das coisas. Mas apesar de todas essas objeções, Jhering merece crédito por ter descoberto e indicado o caminho pelo qual a moral pode vir a se tornar uma ciência positiva. O capítulo em que demonstra a metodologia adequada à "moral do futuro" é excelente. Seu livro é um interessante esforço para reunir a filosofia do direito e o direito positivo. Ademais, ele presta à moral um grande serviço ao integrar nela o estudo dos costumes. E uma ideia que Wilhelm Wundt acaba de retomar, e agora vamos ver o que ele faz com ela.

3. OS MORALISTAS: WILHELM WUNDT

Os intelectuais que mencionamos até agora só foram moralistas acidentalmente; exploraram apenas os aspectos da ética que se relacionavam com suas ciências especiais. Contudo, seria natural que esse movimento produzisse um estudo do conjunto da vida moral. Foi isso, com efeito, o que Alexander von Oettingen tentou fazer há algum tempo em seu livro *Estatística moral*.[1] Essa obra contém grande número de fatos, análises úteis e dados estatísticos; mas o autor é professor de teologia na Universidade de Dorpat, e assim, apesar do caráter empírico do método que emprega, o livro é ainda em excesso uma obra de teólogo. Wilhelm Wundt retomou recentemente esse projeto. Sua *Ética* apresenta uma síntese de todas as perspectivas isoladas e estudos especiais que consideramos até aqui. Vamos, portanto, examiná-la com mais detalhe.

A metodologia de Wundt é claramente empírica. Segundo ele, não existe outra ciência filosófica em que a especulação pura seja menos produtiva do que em moral. Nela, a complexidade dos fatos é de tal ordem que todos os sistemas construídos somente pela razão parecem absolutamente inadequados e grosseiros quando comparados à realidade. A própria razão, ademais, erra quando se crê a única criadora dessas brilhantes construções! Longe de ser adequada para a tarefa, a razão não tem capacidade de tratar desse tema sem auxílio e, sem o saber, toma emprestado da experiência tudo o que pensa ter criado sozinha.

---

[1] Alexander Oettingen, *Die Moralstatistik und die chrísdiche Sittenlehre: Versuch einer Secialethik auf empirischer Grundlage*. 2 vols. Erlangen, 1858-1874.

Na moral, como nas outras ciências, é necessário portanto partir da observação. Mas como são inúmeros os fatos que chamam a atenção do observador, o método empírico levou a caminhos opostos, conforme se desse preferência a este ou àquele tipo de fenômeno. Em consequência, existem tantas teorias éticas quantos são os diferentes aspectos dos fatos morais. Um moralista, por exemplo, faz com que o conjunto da moral consista nos estímulos que governam nossa vontade, na natureza de nossas intenções. Outros, pelo contrário, estudaram mais as consequências objetivas dos atos e preferiram refletir sobre o material originado às vezes do direito positivo, às vezes da economia política, às vezes da história das civilizações. Assim se desenvolveu uma moral jurídica, uma moral econômica, uma moral antropológica, entre outras. Wundt reage contra essa tendência de fragmentar a moral em uma infinidade de ciências distintas que se ignoram mutuamente. Propõe-se mostrar as relações entre esses estudos especiais e restaurar finalmente a unidade da ação prática que essa extrema especialização ignora e ameaça. Não esconde as dificuldades do empreendimento e reconhece de início que este será necessariamente imperfeito: mas considera útil o esforço.

Ele leva o ecletismo ainda mais longe, buscando conciliar não apenas as várias direções do método empírico, mas também o próprio método empírico com o método especulativo. Não há dúvida de que se deve começar pela observação dos fatos que a experiência nos oferece; mas, quando isso é feito, o problema da moral ainda não está resolvido. O objeto da ética é acima de tudo estabelecer os princípios gerais dos quais os fatos morais são apenas aplicações particulares. Os empiristas acreditam, é verdade, poder encontrar esses princípios em certos fenômenos psicológicos; mas então são forçados a se limitar a uma moral inteiramente subjetiva. Ora, é muito pouco provável que o mundo tão complexo da moral comporte uma explicação tão simples. E claro que não se tem o direito de decidir a *priori* que a observação psicológica é insuficiente e, enquanto não chegarmos ao ponto na ciência onde tal insuficiência se torne evidente e tenhamos necessidade de outros procedimentos, teremos de guardar uma prudente reserva e manter uma completa imparcialidade. Entretanto, pode-se supor que tudo o que é válido para as ciências naturais também o seja para a moral. As ciências naturais também produzem axiomas — hipóteses que não são dados imediatos da experiência, mas que, ao contrário, são incorporadas a ela para torná-la inteligível. Apesar de a descoberta de tais princípios se seguir à observação de fatos, eles não são resultado da observação, e sim produtos da especulação. A especulação que Wundt tem em mente, entretanto, não consiste em qualquer espécie de revelação de verdades transcendentes. Ela não se opõe à observação, mas a completa. Enquanto houver nas explicações à nossa disposição conceitos que a abstração e a indução extraíram diretamente da experiência, a observação governa sem contestações. A especulação só começa onde falham conceitos desse tipo e onde a mente, sob a influência da necessidade de coerência, que é a verdadeira lei do pensamento, cria conceitos hipotéticos para tornar a experiência inteligível. Assim definido, o método especulativo não é uma disciplina exclusivamente filosófica; ao contrário, não existe ciência positiva que possa prescindir dele.

O método de Wundt segue as divisões naturais da ciência. É necessário primeiro examinar os fatos para ver como é constituída a moral atual; reduzi-los, em seguida, a princípios gerais; finalmente, perguntar como esses princípios deveriam ser aplicados nos diferentes domínios da vida moral. Mas Wundt acrescenta uma quarta parte a essas três. Ele considera necessário que haja algum tipo de preparação antes de passar dos fatos para os princípios. Teme que, ao ser aplicado a uma massa enorme de fatos, o pensamento científico se veja esmagado e reduza artificialmente a complexidade deles. Para se chegar a uma síntese mais abrangente, portanto, o melhor meio é proceder a um estudo comparativo das diferentes teorias morais que se sucederam historicamente desde a antiguidade até o presente. As doutrinas dos moralistas são assim tratadas como eventos na formação de ideias morais. Um exame crítico dos principais sistemas éticos, portanto, forma a segunda parte da obra de Wundt.[2]

---

[2] Muito pouco teremos a dizer da segunda e da quarta partes.

A psicologia não nos diz como se formam e se desenvolvem as ideias morais, pois nada sabe sobre elas. Se é verdade que a moral tem por base um fato psicológico, ela termina num fato social. Suas raízes se afundam no coração do indivíduo, mas para descobrir essas raízes é preciso primeiro observar os ramos mais altos, seguir todas as suas curvas para ver onde e como eles se separam do galho, e segui-lo até encontrar o tronco de onde emerge toda a massa. Proceder de outra forma, contentar-se apenas com a observação psicológica, seria fechar os olhos voluntariamente ao que torna distinta a moral; seria reduzi-la intencionalmente a um acontecimento da consciência individual; e isso seria adotar de início o individualismo.

Só existe uma forma de entender os fenômenos coletivos, é estudá-los em si mesmos. Em outras palavras, somente a psicologia social (*die Volkerpsychologie*) é capaz de oferecer ao moralista a matéria de que necessita; de acordo com Wundt, ela é o saguão de entrada (*die Vorhalle der Ethik*) da ética. E na história da linguagem, da religião, dos costumes, da civilização em geral que descobrimos os traços desse desenvolvimento, que a consciência individual contém e do qual conhece apenas os impulsos iniciais.

Quatro fatores principais dão origem à moral: (1) religião, (2) costumes, (3) o meio físico e (4) a civilização em geral. Mas os dois primeiros são de longe os mais importantes.

RELIGIÃO

É tão correto entender a religião surgindo da moral quanto a moral da religião. No início, direito, moral e religião se combinaram numa síntese da qual é impossível dissociar os elementos. Nenhum desses fenômenos é anterior ao outro; mas eles finalmente se separaram da mistura indiferenciada onde existiam em estado de germinação. Durante muito tempo, tanto o poder de legislar quanto a responsabilidade de guardar a moral foram funções pertencentes ao sacerdote. Temos um exemplo impressionante dessa mistura primitiva no Decálogo, onde se encontram reunidos mandamentos relativos ao respeito pelo dia do descanso, pela vida e pela propriedade alheia. O Decálogo mostra uma ligeira tendência à diferenciação, pois os cinco primeiros mandamentos são ético-religiosos e os últimos são realmente prescrições jurídicas.

Como moral e religião se misturam nesse ponto, deve haver alguns traços comuns entre as duas. O que é então a religião? Para responder a essa pergunta, poder-se-ia começar pelo estudo das religiões dos povos primitivos, pois são as mais simples e nelas seria possível então separar com mais facilidade o caráter essencial dos fenômenos religiosos. Infelizmente, ao proceder dessa forma, os mitólogos aceitaram como simples o que era na verdade uma mistura complexa. A mitologia primitiva é uma mistura de todo tipo de elementos heterogêneos. Descobrem-se especulações metafísicas sobre a natureza e a ordem das coisas que por vezes transformam a religião numa espécie de metafísica ingênua. Encontram-se também regras públicas e privadas de conduta, e é essa a razão pela qual alguns filósofos consideram a religião uma disciplina moral e social. Todas essas teorias tomam a religião pelos diferentes fenômenos aos quais ela acidentalmente se mistura. Para evitar esse erro, é necessário estudá-la entre os povos civilizados, pois entre estes ela se separa de todos os elementos casuais a que se uniu na antiguidade. Só então, ao rever a religião primitiva, será possível discernir as sementes dessas ideias e sentimentos que as religiões superiores nos oferecem em estado avançado.

Mas ao seguir esse método, vai-se chegar, segundo Wundt, à seguinte conclusão: "Todas as representações e sentimentos que se referem a uma existência ideal que se conforma perfeitamente às vontades e desejos do coração humano são religiosas por natureza."[3] Esse ideal varia de acordo com o tempo; dependendo do povo envolvido, ele pode ser ingênuo ou refinado, grosseiro ou sublime. Mas pode-se garantir que nunca houve um povo que não tivesse

---

[3] Wilhelm Wundt, *Ethik: Eine Untersuchung der Thatsachen und Gesetze des sittlichen Lebens*, Stuttgart, 1886, p. 41.

ideal, por mais humilde, porque o ideal atende a uma necessidade profundamente enraizada na nossa natureza.

Pode-se assim entender a relação entre moral e religião. Certamente o ideal religioso está longe de ser um ideal moral, exatamente por ser religioso; pelo contrário, ele contém elementos imorais ou amorais. Não se veem povos que veneram em seus deuses os piores dentre os vícios humanos? Apesar disso, a verdade é que a moral tende a se expressar na forma de um ideal religioso. De fato, o elemento verdadeiramente essencial e religioso na religião é a concepção de divindades que se propõem como modelos para imitação humana e que são vistas ao mesmo tempo como defensoras da ordem ideal que representam. Ora, a moral igualmente tem necessidade de personificar seu ideal e de assegurá-lo mediante a garantia das sanções. Eis como se explica que as ideias morais e religiosas se entrelacem de tal forma nas origens, que se torna impossível distingui-las.

É verdade que, com o tempo, as duas se separam. Mas a relação entre moral e religião permanece próxima por outra razão. A medida que a moral se separa da religião, a religião parece fazer um esforço para se aproximar da moral. A religião modifica e moraliza seus conceitos para que eles sejam um auxiliar útil da ética. Embora as divindades mais primitivas fossem um pouco humanas, graças ao culto dos ancestrais, os deuses das religiões naturais (*Naturreligionen*) simbolizavam forças inteiramente físicas que não tinham praticamente qualquer ligação com a moral ou a ordem social. Mas pouco a pouco os deuses, mesmo preservando sua natureza superior, se aproximaram das pessoas e se tornaram humanos. O culto das forças naturais foi substituído pelo dos heróis, que nada mais eram que humanos divinizados. Finalmente desenvolveram-se as grandes religiões monoteístas que tinham todas esse caráter de se terem encarnado em humanos — Moisés, Jesus, Maomé. Assim, o ideal religioso se separou passo a passo do meio físico, ainda que mantivesse sinais claros dele, centralizou-se numa grande personalidade humana e se tornou verdadeiramente moral. Noções relativas a sanções seguiram naturalmente a mesma evolução; não é mais a presteza na observância ou a omissão das práticas religiosas, mas o mérito ou demérito moral que a religião gratifica ou pune.

Então, se a moral originalmente confundia-se com a religião, pouco a pouco dela se separou, e finalmente é sobre a moral que a religião se modela. Mas essa passagem não se deu imediatamente. Entre religião e moral propriamente dita existe um intermediário que são os costumes.

COSTUMES

Os costumes têm sido vistos como simples hábitos generalizados. Um indivíduo adota por acaso uma forma de agir e é imitado por outros ansiosos por se valer do exemplo. O hábito se espalha entre os indivíduos até gradualmente se tornar coletivo. Mas essa teoria supõe erradamente que o indivíduo é a principal força da vida social. Língua e religião não foram inventadas um dia por alguém cujo exemplo foi seguido voluntária ou forçosa- mente pelos outros. Do fato de os fenômenos coletivos não existirem fora da consciência dos indivíduos não se segue que eles se originem dessa consciência; ao contrário, eles são obra da comunidade. Fenômenos coletivos não saem dos indivíduos para se espalharem pela sociedade; emanam da sociedade e se difundem então entre os indivíduos. Os indivíduos os aceitam, não os criam, embora cada um tenha contribuído infinitesimalmente para a sua criação.

Com efeito, tais fatos são complexos demais para serem entendidos por uma inteligência única. Somos capazes de entender imediatamente apenas as consequências mais simples de nossos atos; como poderíamos conhecer os efeitos distantes e obscuros de fenômenos que se ramificam em todas as direções através do organismo social? O indivíduo, além disso, é pequeno demais para afetar a sociedade. Não há dúvida de que hábitos úteis por ele criados podem se espalhar um pouco, mas não ultrapassam um círculo limitado; dificilmente ultrapassam a família, o pequeno mundo dos amigos ou do trabalho. Modas e práticas comuns também surgem dessa forma. O que sempre distinguiu tais práticas dos costumes é o fato de não terem poder obrigatório. Em vez de os hábitos se transformarem em costumes, o que geralmente se vê são costumes que perdem força e se reduzem ao estado de hábitos individuais.

Os costumes, como fatos coletivos, devem ter como causa outros fatos coletivos. De fato, se, em vez de tentar descobrir racionalmente como as coisas se teriam dado, alguém observar historicamente como realmente aconteceram, há de descobrir que todos os costumes sociais têm origem em outros costumes sociais. Quando desaparecem ou se modificam as causas que geraram a formação de um costume, ele não se modifica; continua, em virtude da lei geral da inércia à qual os costumes, como tudo mais, estão sujeitos. Às vezes acontece de eles persistirem assim, sem propósito e sem razão, verdadeiras petrificações do passado. Entretanto, de modo geral eles retêm flexibilidade suficiente para se adaptar a outros fins e assim dar origem a novos costumes. De fato, esse processo não passa de uma metamorfose. De qualquer forma, na sucessão ininterrupta de costumes que geram outros costumes, nunca vemos a menor lacuna, a menor articulação por onde se possa introduzir o artifício individual.

Mas finalmente, se retornamos de costume em costume, o que vamos encontrar na origem? Ainda mais fatos sociais, a saber, crenças e práticas religiosas. Poder-se-ia com certeza acrescentar preceitos jurídicos, mas, como são inseparáveis dos religiosos, a distinção não é significativa. É preciso que se entenda corretamente esse fato. Todos os moralistas reconheceram ter havido algum tipo de relação entre costumes sociais e ideias religiosas; mas essa relação lhes pareceu ser apenas externa e superficial. Acreditaram que os costumes teriam sido gerados por interesses privados e que a religião só lhes teria propiciado a forma externa e a autoridade das sanções. Por exemplo, se, como querem alguns, certa tribo matasse os bebês logo depois de nascidos por ser pobre demais para alimentá-los, esse hábito, uma vez surgido e fixado, teria assumido um caráter religioso.

Wundt rejeita essa explicação e não pensa que os costumes pudessem ter origem fora da religião. Se os primitivos matam seus recém-nascidos é para sacrificá-los aos deuses, assim como oferecem aos deuses os primeiros frutos de todos os seus bens mais preciosos.

Por isso a criança sacrificada é sempre o primogênito da família. Mais tarde, quando os estímulos religiosos desaparecem, as práticas religiosas se transformam em costumes sociais. Não há dúvida de que, se persistissem, seria por razões não religiosas que teriam se aproximado dos motivos geralmente mencionados; mas não teriam devido a estes a sua origem.

Assim se pode entender a relação entre costumes e moral. Costumes derivam da religião e a religião contém elementos éticos que se transmitem naturalmente aos costumes. Se até mesmo os costumes que parecem mais estranhos à moral contêm um germe de moralidade, é a religião que o transmitiu a eles. Se tiveram desde suas origens o efeito de controlar o egoísmo e de motivar as pessoas ao sacrifício e ao desprendimento, não é porque o intelecto primitivo apreciasse as vantagens e a beleza do altruísmo. Tudo isso acontece automaticamente; os costumes produzem consequências morais não intencionais nem previstas. Os sentimentos religiosos prendem as pessoas a coisas diferentes de si próprias e as tornam dependentes de poderes superiores que simbolizam o ideal. Esse altruísmo inconsciente se corporifica em práticas e persiste mesmo depois que desaparece a ideia religiosa e as práticas se transformam em costumes. Ele sem dúvida se modifica com estes e se adapta aos novos fins que lhes asseguram a sobrevivência. Mas não se deve acreditar que o altruísmo surge nesse momento.

Eis como se explica que durante muito tempo o direito e a moral se fundiram com os costumes, exatamente como, em período anterior, os costumes se fundiram com a religião. Na verdade, não havia entre as tribos selvagens direito escrito ou estabelecido; as nuances que distinguem os preceitos legais dos morais eram desconhecidas entre elas. Tanto uns quanto os outros eram colocados indiscriminadamente sob a sanção dos costumes, que tinham maior poder de coação. A autoridade dos costumes não era algo vago como acontece hoje; era, por ser unificada, uma autoridade clara. Qualquer desvio dos costumes merecia rigorosa punição. Então, pouco a pouco, essa homogeneidade se quebrou. O direito se separou dos costumes e assumiu os meios de punição que até então haviam sido a força dos costumes em geral. A partir de então os costumes retiveram apenas os meios internos de coerção, tais como a estima ou a reprovação pública com todos os graus que esses sentimentos comportam.

Costumes e moral, entretanto, não são coincidentes, pois há costumes que são moralmente condenáveis. Nos costumes (*die Sitte*) a moral (*die Sittlichkeit*) é potencial, mas não real; ela se mistura com elementos que nada têm a ver com a ética. Para Wundt, o termo "moral" significa apenas a moral das nações mais civilizadas. Os princípios gerais dessa moral estão estabelecidos na segunda parte de sua *Ética*. Estamos interessados aqui apenas na questão de como essas ideias e crenças, tais como as conhecemos e praticamos hoje sem recorrer a qualquer formulação abstrata, surgem pouco a pouco dos costumes.

A MORALIDADE

Do fato de os costumes sociais terem sua origem em práticas religiosas não resulta que, em última análise, os sentimentos morais derivem apenas de sentimentos religiosos. Junto com estes últimos havia, desde o início, tendências sociais cujas origens estavam na natureza humana. De fato, todas as pessoas têm o que se poderia chamar de uma afinidade natural por seus iguais, que se manifestou desde que vários homens passaram a viver juntos, isto é, desde os primeiros dias da humanidade. O que os unia não era, como se afirma com frequência, relações de sangue, mas semelhanças de língua, hábitos e costumes. As primeiras sociedades não foram famílias, e sim agregados muito menos determinados, nos quais ainda não havia se formado nenhum laço definido de parentesco. As famílias só passaram a existir mais tarde; foram o resultado de uma diferenciação que acabou por acontecer dentro da tribo.

A afinidade entre iguais (*die Neigung zu dem Genossen*) é assim a forma mais antiga de inclinação social. Por rudimentar que seja, esse sentimento não é produto do egoísmo. E, em princípio, um fator autônomo de progresso moral. Mas era tão fraco, tão indefinido, que teria sido rapidamente superado pelas tendências ao egoísmo se tivesse que lutar sozinho contra elas. Encontrou, contudo, um aliado poderoso nos sentimentos religiosos. A religião, como já vimos, era uma escola natural de desprendimento e abnegação. O respeito às ordens divinas e a simpatia pelos semelhantes são as duas fontes de onde emergem todos os nossos impulsos altruístas e com eles toda a moral.

Entretanto, o egoísmo também teve um papel nessa evolução: percebem-se traços dele em todas as morais primitivas. O altruísmo era tão fraco que dificilmente teria prevalecido mesmo com o auxílio da religião, se o egoísmo não tivesse colaborado. Encontram-se em Homero muitos relatos de atos desprendidos; mas os motivos eram sempre marcados por um egoísmo ingênuo. Se um guerreiro arrisca a vida para salvar um companheiro é porque tal devoção é gloriosa ou geralmente útil, pois significa a obtenção de um apoio que pode vir a ser necessário.

Como, então, estímulos egoístas, tão poderosos no início, desaparecem da conduta moral e dão lugar a motivos verdadeiramente desinteressados? Seria porque se tornam mais esclarecidos? Passaram as pessoas, depois de algum tempo, a perceber o egoísmo como um inimigo? Isso seria atribuir um enorme poder de previsão à inteligência humana em geral, e em especial à inteligência rústica dos povos primitivos. Na realidade, a evolução foi inteiramente mecânica; nem planejamento nem previsão tiveram partici-pação. Os estímulos egoístas foram eliminados porque eram contraditórios. Em outras palavras, a evolução foi o produto de um tipo de estabilização e de regularização espontânea de tendências desse tipo (*Compensation und Selbstregulation egoisdscher Triebe*). Vamos imaginar que em alguns casos a simples simpatia não tenha a força necessária para superar as inclinações egoístas e só encontre apoio em motivos desinteressados. Quando isso acontece, a satisfação egoísta sentida por se ter triunfado sobre si próprio se transforma num motivo *sui generis* que reforça a tendência à simpatia e assegura sua vitória sem necessidade de maiores apelos a considerações desinteressadas. Fatores egoístas são dessa forma neutralizados e se cancelam mutuamente, ao passo que a tendência genuinamente altruísta emerge da massa que a confinava. Tal altruísmo, entretanto, não é apenas um egoísmo disfarçado ou transformado; e seria um erro confundir sua origem com a que o utilitarismo lhe atribuiu. O altruísmo não vem do egoísmo, pois nada deriva de seu oposto. Desde o início ele existe na obscuridade e geralmente neutralizado por interesses pessoais. Tais interesses não geram os seus contrários quando desaparecem; cessam apenas de obstruir sua manifestação. Ademais, interesses pessoais certamente não se extinguem, nem hão de desaparecer completamente. Há espaço no coração humano para mais de um sentimento.

Como a simpatia original se prende unicamente a indivíduos, é natural que ela varie com eles. E a história demonstra que essa tendência primitiva se torna cada vez mais diferenciada à medida que se diferenciam os contextos onde ela aparece. De início, um mesmo sentimento une todos os membros de uma tribo (*Stammgefühl*), e há consequentemente uma moral comum a todos — uma moral tão simples e inconsistente quanto a sociedade que representa. Mas quando a família começa a emergir do corpo dessa massa homogênea, sentimentos e uma moral domésticos se desenvolvem simultaneamente. Nascem depois os Estados, classes e castas se organizam, multiplicam-se as desigualdades, e se diversificam os sentimentos e moral coletivos conforme as condições sociais. Existe uma moral para cada classe social — escravos, homens livres, sacerdotes, guerreiros, etc. De outro lado, como a moral tem origens religiosas, ela passa a ser nacional, tal como a religião. Cada nação tem a sua própria moral, que se relaciona apenas consigo mesma: as pessoas têm deveres e obrigações apenas com seus concidadãos.

Mas essa dispersão das ideias morais não é a última palavra do progresso. Já há muito tempo um movimento de concentração vem se desenvolvendo, que ainda hoje se desenrola diante de nossos olhos. A medida que as sociedades se tornam maiores, os laços que prendem as pessoas entre si deixam de ser pessoais. A verdadeira simpatia é substituída por outra mais abstrata, mas não menos poderosa, uma ligação com a comunidade de que se participa, ou seja, com os bens materiais e ideias que as pessoas têm em comum — arte, literatura, ciências, costumes, etc. A partir desse ponto, membros da mesma sociedade são amigos e se ajudam mutuamente, não apenas por se conhecerem, ou conforme o grau de conhecimento que tenham entre si, mas porque participam todos da consciência coletiva. Esse sentimento é muito impessoal para permitir que a moral tenha a variedade que tinha antes; é muito geral para que a moral continue sendo particular. Na medida em que ideias e sentimentos comuns surgem do âmago da sociedade, desaparecem as diferenças. Mesclados no corpo da consciência social que os envolve, indivíduos e classes, em virtude de suas próprias relações, veem diminuir gradualmente os abismos que antes os separavam. Essa fusão de indivíduos e classes não faz desaparecer as desigualdades externas, o que não é possível nem desejável, pois a desigualdade é um estimulante que, se não é moral em si, é necessário para a moral. Não é menos verdade, contudo, que todos os cidadãos da mesma nação tendem cada vez mais a se verem como iguais por se verem como servidores do mesmo ideal — do que resulta a crescente uniformidade de vestimenta, estilo, maneiras, etc., e a tendência cada vez mais pronunciada ao nivelamento das desigualdades sociais. Ao mesmo tempo, esse ideal comunitário, por ser impessoal, independe cada vez mais de tempo e espaço. Eleva-se assim gradualmente acima de sociedades particulares e se torna o ideal único da humanidade. Em outras palavras, ao mesmo tempo que a moral de classe e casta desaparece, também desaparece finalmente a moral nacional para que surja a moral da humanidade.

Quanto à civilização, ela tem uma influência complexa sobre essa tendência. Aprimoramento dos meios de transporte e de comunicação certamente contribuíram para a aceleração desse movimento de concentração; avanços tecnológicos aliviaram o peso esmagador do trabalho mecânico sobre o desenvolvimento da mente; a educação se distribuiu entre classes que a ela não tinham acesso, e o Estado passou a exigi-la de seus cidadãos. Mas ainda há bens mal distribuídos. A velocidade da comunicação, ao estender infinitamente os mercados e fazer a prosperidade individual depender de um número infinito de causas muito complexas, exige de cada um de nós esforços de planejamento e um gasto de energia que antes não era necessário à vida. Finalmente, a atual organização da indústria tem o efeito de separar os empresários mais e mais dos trabalhadores, revivendo a escravidão, que assume uma nova forma. Assim, a civilização não é em si um fator moral; ela contém elementos de todos os tipos e para a moral tem tanto desvantagens quanto vantagens. Isto não é razão para fazer retroceder a humanidade — proposta tão ridícula quanto absurda —, pois o mundo avança inexoravelmente e é impossível evitar a mudança. Se a civilização tem suas imperfeições e perigos, é preciso apenas reconhecê-los e livrar-se deles.

Essa análise histórica das ideias morais ocupa quase a metade da obra de Wundt e pode ser resumida nos seguintes tópicos:

ELEMENTOS DA MORALIDADE

Os elementos comuns a todas as concepções morais são:

Elementos formais
A ideia de moral se expressa universalmente na forma de conceitos antitéticos aos quais se ligam julgamentos de aprovação ou desaprovação. As coisas a que as pessoas atribuem valor moral positivo são as que oferecem satisfação duradoura. Essa ideia de duração se expressa na forma de crenças religiosas referentes à imortalidade.

Elementos materiais
Como as ideias morais incluem elementos que reaparecem em todos os períodos da história, tais elementos devem consistir em certos fatos psicológicos que derivam da natureza humana em geral, pois somente a natureza humana, em todos os lugares, permanece sempre a mesma ao longo da extrema instabilidade da mudança histórica. De fato, já vimos que o conjunto da vida moral foi transformado por duas grandes tendências: a inclinação para a simpatia e o sentimento de respeito (*die Ehrfurchts-und die Neigungsgefúhlé*).
O segundo destes sentimentos vem das crenças religiosas; o primeiro da vida social. Mas pouco a pouco eles se combinaram de milhares de formas e dessas combinações vem toda a complexidade das ideias morais.

LEIS GERAIS DA EVOLUÇÃO MORAL

Existem duas:

A lei dos três estágios

As primeiras manifestações da vida moral mostram uma grande homogeneidade; as tendências sociais são simples e muito fracas. No segundo período, os sentimentos sociais se diferenciam e produzem uma diferenciação espontânea das ideias morais (*die Trennung der sittlichen Begriffe*). Finalmente, o terceiro estágio é a era da síntese e da concentração.

A lei dos fins heterogêneos (Das Gesetz der Heterogenie der Zwecke)

Esse é o princípio mais geral da evolução moral e aquele a que o autor parece atribuir a maior importância. Ações voluntárias produzem consequências que ultrapassam os motivos que as causaram. Quando tomamos consciência das consequências que não havíamos previsto, elas passam a ser objeto de novas ações e geram novos motivos. Estes, por seu turno, produzem efeitos que, mais uma vez, estendem-se além deles, e assim por diante, indefinidamente. Pode-se então estabelecer o princípio de que os resultados de nossas ações nunca são os motivos reais; e pela mesma razão pode-se assegurar que os motivos que inspiram nossa ação de hoje não são os mesmos que a produziram originalmente. Quando um corpo cai numa lagoa, vê-se uma onda circular se formar na superfície, que então faz surgir outra maior que a circunda. Ao mesmo tempo, a primeira avança e parece tentar alcançar a segunda; mas antes que a alcance, a segunda também avança, e então se forma uma terceira onda que também se afasta quando a segunda tenta alcançá-la. As ideias morais se desenvolvem da mesma forma. Os resultados de nossas ações *sempre* avançam além dos motivos, e à medida que os motivos se aproximam dos resultados, estes se afastam.

Essa lei lança muita luz sobre a evolução da moral no futuro. Ao nos mostrar quanto é limitada a nossa capacidade de previsão, ela nos toma o direito de fixar um limite lógico para a evolução. A teoria é sempre mais pobre que a realidade. Temos de renunciar às especulações relativas ao fim de nossos esforços, pois até nosso próximo objetivo nos escapa. Tudo que podemos fazer é esboçar de antemão e em termos muito gerais a direção que o futuro tomará. E preciso tomar cuidado para não confinar os ideais morais ao círculo estreito de nossas esperanças e desejos imediatos. Pelo contrário, o particular deve ser visto como uma forma do universal (*Das Einzelne will betrachet sein sub specie aeternitatis*).

Resumindo, as ideias morais se foßrmam sob a influência de causas inconscientes dos efeitos que elas continham. O pensamento deliberado tem um papel pequeno nesse processo; só intervém para estabelecer e consagrar os resultados que surgiram sem ele. A religião gera espontaneamente os costumes, e os costumes, por sua vez, a moral. Essa teoria é análoga à forma como Darwin explicou a formação dos instintos, morais ou não. Com efeito, para esse teórico inglês, os instintos resultam de variações acidentais que se descobrem ser úteis para os animais, mas que se originaram sem qualquer objetivo.

O mesmo vale para Wundt: costumes nascem ou se modificam sob a influência de causas muito diferentes dos fins que eles cumprem mais tarde. Somente depois de se terem desenvolvido e depois de os termos experimentado é que tomamos consciência de seu valor. Só então o que era um resultado se transforma num objetivo.

No entanto, deve-se evitar levar muito longe essa analogia e ver uma moral transformista na ética de Wundt. Em primeiro lugar, embora não exista proporção direta entre ideias morais e suas causas originais, alguma relação existe entre as duas. Se a moral se origina da religião, é porque a religião é, assim como a moral, embora de outra forma, uma expressão que se aproxima do ideal. Se o amor puro pela humanidade se separa gradualmente dos sentimentos mais rústicos que antes dividiam com ele o coração da humanidade, é porque ele tinha potencial para tanto. Para Darwin, ao contrário, não existe relação entre as causas que produzem as variações acidentais no organismo e as razões que as estabilizam nas espécies.

De acordo com Darwin e Spencer, o que determina a sobrevivência dessas variações é a sua utilidade para o indivíduo ou a espécie. Wundt, ao contrário, se recusa terminantemente a aplicar a teoria da seleção natural à moral. Como a luta pela vida é produto do egoísmo, ela não pode se deixar vencer por inclinações altruístas. Longe de ser um produto dessa luta, a função da moral é atenuá-la e regulá-la. Pode-se ver facilmente que um animal prevalece sobre outro por ser mais forte. Mas é difícil ver como o desprendimento e o espírito de sacrifício asseguram a vitória. Seria então o caso de se afirmar que as pessoas, conscientes dos perigos do egoísmo sem restrições, tentaram limitá-lo e que as características antissociais diminuíram? Essa hipótese deixa de considerar o pequeno alcance da inteligência humana e não se concilia com a lei que acabamos de descrever. A evolução da moral, portanto, não foi governada por considerações de utilidade propriamente ditas.

Finalmente, Darwin e Spencer formularam a hipótese da herança das ideias e sentimentos morais. Wundt qualifica essa teoria de imaginosa.

> Não há dúvida de que é possível imaginar que no curso da evolução se tenham formado associações entre certos elementos do sistema nervoso, e que uma disposição para reflexos e movimentos espontâneos destinados a um fim específico pudessem ser transmitidos por hereditariedade; de fato, inúmeras observações apoiam essa opinião. Mas a forma como as intuições morais se formaram a partir dessas disposições foi e continua a ser um mistério. Se ainda se discute se os dados de consciência tão elementares como os da simples percepção dos sentidos ou o conceito de espaço são inatos em nós, como falar de intuições morais inatas? Essas intuições exigem uma enorme quantidade de complexas representações empíricas relativas ao agente, a seus semelhantes e a outras relações com o mundo exterior. De fato, essas concepções puramente imaginárias não estão mais próximas da neurologia real do que as viagens de Jules Verne da astronomia e da geografia.[4]

---

[4] Wilhelm Wundt, Ethik: *Eine Untersuchung der Thatsachen und Gcsetze des sittlichen Lebens*, Stuttgart, 1886, p. 344-345.

Assim se formou a moral atual; vamos agora examinar os princípios em que se apoia.

Duas ideias extremas agem como os centros de gravidade em torno dos quais se agrupam as teorias morais: o individualismo, de um lado, e o universalismo, de outro. Para os individualistas, a única realidade do mundo é o indivíduo e é a ele que tudo se relaciona. Família, país e humanidade são apenas meios de assegurar o desenvolvimento livre do indivíduo. Evidentemente, os individualistas não concebem o seu ideal da mesma forma: alguns imaginam que ele consiste na maior felicidade possível, outros na perfeição harmônica de todas as nossas faculdades. Mas todos concordam que só existem os fins individuais, não importa como sejam definidos.

O que precede é uma longa refutação a essas doutrinas. Já vimos, com efeito, que os sentimentos altruístas, independentemente das ligações que possam ter com sentimentos egoístas, não derivam deles. Cada um desses sentimentos tem sua origem própria no coração humano. Assim como nunca existiu o indivíduo solitário sonhado por Rousseau, nunca houve uma vontade humana em que o egoísmo fosse o único motor. As duas tendências coexistem uma com a outra e com a humanidade.

Uma falsa teoria metafísica sempre foi a base desse individualismo moral. Ela representa o eu como um ser transcendente, uma substância imutável que os fenômenos escondem e expõem ao mesmo tempo. Consequentemente, o eu há de sempre gravitar em torno de si mesmo, incapaz de se libertar. Sacrifício e desprendimento são impossíveis porque esse ser substancial não é capaz de renunciar à sua essência; o princípio da conservação da energia o nega.

Entretanto, essa hipótese metafísica é produto de uma falsa analogia. Para conceber as relações entre fenômenos materiais, somos obrigados a formar um conceito que nos permita ligar uma coisa à outra; e nada de fenomenal pode estar contido nesse conceito, pois seu conteúdo deve, por definição, ser inacessível aos sentidos. Trata-se do conceito de substância. Uma vez formada essa noção, a mente é tentada a aplicá-la por analogia a fenômenos interiores, para os quais não foi criada e aos quais não é adequada. Com efeito, conhecemos diretamente estados de consciência, e vemos imediatamente como se ligam sem necessidade de aplicação dessa hipótese metafísica. Tais estados não são senão formas uns dos outros e isso é constatado pela experiência interna. Aqui a realidade fenomenal é suficiente; não há nada a buscar além dela.

Em consequência, o individualismo carece de base teórica. Se nossas mentes contêm apenas fenômenos, então nossas personalidades não têm mais aqueles contornos claramente definidos que tornavam impossível sua penetração recíproca. Pois o conteúdo da consciência (ideias, sentimentos, etc.) é o que temos em comum com outras pessoas, sobretudo com aquelas de quem somos mais próximos, nossos pais e parentes, e nossos concidadãos. Sob esse aspecto, confundimo-nos com elas. Resumindo, existe em nós uma profusão de elementos impessoais que explicam sentimentos semelhantes.

Mas nem por isso se deve supor que a personalidade humana desaparece no seio do ser coletivo, do qual não passaria de uma modificação superficial. A vontade impede que ela se dissolva no meio que a cerca. Uma vez formada, a vontade reage a todos esses fenômenos que dela se aproximam vindos de fora e que são a herança comum da sociedade; ela se apropria deles. A consciência individual se destaca da comunidade que parecia pronta a absorvê-la, isola-se do cenário uniforme e se estabelece. Cada vontade é, por assim dizer, um centro de cristalização em torno do qual tomam forma as ideias e sentimentos que pertencem a cada um de nós individualmente. O progresso histórico tem o efeito de estender constantemente o círculo de fenômenos internos e pessoais. Longe de o indivíduo ser o fato primitivo, e a sociedade o derivado, só muito lentamente o primeiro se liberta do segundo. Mas apesar de a vida do indivíduo tomar forma e se expandir, nem por isso a vida coletiva se reduz. Esta se torna mais rica e consciente. As ações do grupo, de impensadas que eram, tornam-se voluntárias.

O erro de universalistas como Hegel e Schopenhauer é não terem percebido esse aspecto da realidade. Como transformam a personalidade em simples aparência, não conseguem atribuir a ela valor moral algum. Não percebem que, se o indivíduo recebe muito da sociedade, ele não deixa de reagir sobre ela. Isso se torna sobretudo evidente nos grandes homens, cuja influência os universalistas de todas as escolas são obrigados a negar. Não há dúvida de que a consciência média retira mais do ambiente do que tem condições de oferecer. Mesmo assim, existem pessoas cuja capacidade pessoal de reação é tão grande que ideias e sentimentos, antes implícitos e latentes na sociedade, nelas se concentram e adquirem uma força extraordinária que os torna reais. Essas pessoas se transformam então na consciência viva da sociedade, que é transformada por sua influência. E a essas grandes mentes que devemos a maior parte do progresso humano. Se o progresso se devesse à mentalidade média, nada mudaria; como é passiva, a mentalidade média não tem meios nem necessidade de se livrar do jugo da tradição e do preconceito. Felizmente essas vontades poderosas surgem de tempos em tempos como grandes forças perturbadoras que evitam que o presente seja uma cópia do passado, e que o futuro seja uma imitação do presente.

Ademais, se a influência pessoal se evidencia principalmente nos grandes homens, em menor grau ela pode ser observada em outras partes. Se grandes personalidades são necessárias para mover as enormes sociedades de hoje, personalidades não tão grandes agitam sociedades menores que formam a maior — família, comunidade, empresa, etc. Assim, em todos os níveis da escala social, é a vontade do indivíduo a fonte da mudança social. A moral, portanto, deve ter seu lugar na parte e no todo, no indivíduo e na sociedade. Não se deve perder de vista esse princípio quando se investigam os fins, os motivos e as normas do comportamento moral.

Os fins

Para determinar os fins morais não é necessário começar pela definição da moral ideal a fim de deduzir a natureza dos fins particulares, como querem os utilitaristas e racionalistas. Isso seria equivalente a inserir uma hipótese arbitrária e suspeita na fundação da ciência. Ao contrário, deve-se observar cuidadosamente as ações humanas e notar o objetivo daquelas que a consciência geral reconhece como morais. E como nosso comportamento interessa a nós, ou à sociedade ou à humanidade, os objetivos de nossas ações são individuais, sociais ou humanos.

Quando alguém dirige para si próprio os seus esforços, o objetivo pretendido se resume a uma coisa, a autopreservação. Mas todos concordam que a autopreservação em si nada tem de moral. A vida não tem valor em si, vale apenas pelo uso que se faz dela. Ela é um meio para um fim. Esse fim pode ser individual ou geral. No segundo caso, a ação é moral: é bom sobreviver para se preservar para a própria família, o próprio país, ou para a humanidade. Mas, se o fim é pessoal, é preciso distinguir se o agente tem em mente a felicidade ou a perfeição. Alguém busca a felicidade apenas para atingir fins egoístas? Alguém trabalha para se aperfeiçoar apenas para atender a um objetivo interesseiro? Se assim for, seu comportamento não procede do julgamento moral. Se, pelo contrário, ele se compraz no serviço dos outros, se busca a perfeição para o bem geral, todos consideram bons e aprovam o seu comportamento. Em resumo, os objetivos individuais só têm valor moral se servem como meios para fins gerais. A personalidade do agente, de qualquer forma, não pode ser o objeto verdadeiro da ação moral.

Segue-se daí que o ato moral deve ter por objeto a personalidade de outrem? Isso seria ainda menos racional, pois o que não tem valor moral para si próprio não pode ter valor para mais ninguém. Não há dúvida de que admiramos a caridade, mesmo quando é apenas uma virtude privada. Mas o bem moral que atribuímos à caridade não reside nela mesma; pois se não há mérito em buscar minha própria felicidade, não há mérito em buscar a de outrem. Ações como essa só têm interesse como indicadoras: revelam a tendência do agente a sacrificar seus interesses particulares a fins objetivos. Tais fins, os únicos capazes de conferir caráter ético ao comportamento, são o bem público e o progresso geral. E isso não quer dizer o bem do maior número ou o progresso da maioria. Pois se a felicidade e a perfeição do indivíduo não constituem um fim moral, muito menos a felicidade ou perfeição de milhares de indivíduos. O acréscimo de zeros nada acrescenta.

A moral, portanto, deve ser uma questão de bem-estar e progresso da sociedade considerada como um ser que tem vida e personalidade próprias. O conjunto, como já vimos, é maior que a soma de suas partes, e a moral é uma questão do todo. Nessas circunstâncias o sacrifício é significativo e atraente. Para que alguém tenha o direito de pedir a uma pessoa para subordinar seus fins pessoais aos de outros, esses fins têm de ser de uma ordem superior, como sucede com os fins coletivos. Se o indivíduo não tem papel primário na moral, é por ser pequeno demais para fazer diferença: o que significa para o mundo o seu sofrimento ou prazer? É uma gota d'água no oceano da vida. Um ser efêmero, ele só vive no presente.

As sociedades, por sua vez, estão imersas no passado e se estendem na direção do futuro: por isso são objetos mais dignos de nosso amor e devoção. Mas o interesse que temos por diferentes grupos sociais de que somos parte não é igual; varia com o tamanho deles. Interessamo-nos pelo futuro de nossos filhos e netos, mas o futuro de nossos tataranetos não nos parece tão importante. A noção de que nosso país possa deixar de existir dentro de algumas gerações é aflitiva, mas tal perspectiva é muito mais tolerável se for adiada alguns milhares de anos. Enfim, há um pensamento que em momento algum chegamos a formar: é que dentro de milhares e milhares de anos toda a humanidade venha a desaparecer sem deixar traços no mundo.

Eis a razão por que somente os fins humanos são verdadeiramente morais. Quanto aos outros, só têm valor como encarnações provisórias do ideal comum da humanidade. Evidentemente, esse fim último de nossos esforços nada pode conter de particular; só pode ter como objeto o espírito universal da humanidade e só pode inspirar obras intelectuais de alcance inteiramente geral (*allgemeine geistige Schöpfungen*). Sua definição é imprecisa, e, de fato, não é possível definir o ideal humano. Qualquer definição somente torna evidente o fato de que nenhuma expressão do ideal humano é capaz de satisfazer definitivamente os sentimentos morais da humanidade. Cada passo à frente dado pela humanidade leva esse ideal mais longe da capacidade de previsão da própria humanidade; novos progressos geram novas necessidades. O conceito que a humanidade tem de seu próprio ideal nunca será realizado; é uma tarefa sem limites. Elevar-se à consciência do ideal é separar o objeto da moral de todas as condições de tempo e espaço que a tornam particular, e abraçá-la em toda a sua universalidade e infinitude. Apenas algumas mentes excepcionais atingiram esse grandioso conceito. Apenas pessoas extraordinárias, como Moisés, Sócrates ou Cristo, souberam viver em todos os tempos e lugares, e é essa a razão de seus atos terem deixado marcas que não desaparecerão enquanto a humanidade tiver história. As pessoas médias agem apenas em vista de fins mais imediatos; sua visão mal se estende além dos pequenos mundos em que vivem.

Tal é o fim da moral. Mas quais os motivos que nos levam a realizá-lo? É preciso lembrar que se trata aqui de duas questões diferentes.

Os Motivos

Todo motivo é um sentimento, e todo sentimento é condicionado por uma representação e varia de acordo com o tipo de representação que o condiciona. Esta, por vezes, consiste apenas numa percepção sensível que suscita imediatamente o sentimento, sem espaço para reflexão ou cálculo. Por exemplo, a visão de uma pessoa em perigo provoca imediatamente um sentimento de compaixão que nos leva a oferecer ajuda. Wundt dá a esses motivos o nome de "motivos de percepção" (*Wahrnemungsmotive*). Eles podem ser divididos em dois tipos principais: o sentimento do eu ou da dignidade pessoal, e a simpatia (*das Selbstgefühl; das Mitgefühl*).

Entretanto, quando não está claro o que deve ser feito, ou quando existe conflito entre nossas obrigações, as coisas não se passam com tanta rapidez. Entre a representação e o sentimento intervém toda uma cadeia de imagens logicamente interligadas — uma deliberação mais ou menos prolongada. Surgem novos sentimentos, resultado não de uma percepção instantânea das coisas, mas da consciência das consequências colaterais da ação. Esses sentimentos também podem ser divididos em dois tipos correspondentes aos antes mencionados: tendências pessoais e tendências coletivas (*die eigennützigen und die gemeinnützigen Triebe*). Por tendências pessoais entendem-se as que visam não a nossa felicidade, mas o desenvolvimento completo de nossa natureza. Mesmo com esta reserva, é indiscutível que esses dois tipos de tendência têm importância desigual para a moral: o primeiro tem muito menos valor que o segundo. Contudo, os dois estão incluídos na categoria de motivos do entendimento (*Verstandesmotive*).

Finalmente, há os motivos que resultam de uma clara representação não dos fins imediatos, mas do fim último do comportamento humano — o destino ideal da humanidade. Na verdade, ninguém tem uma imagem precisa ou definida desse fim, pois ele vai além não apenas dos limites reais mas de todos os limites inteligíveis. Consiste na antecipação de um futuro indefinido; mais precisamente, é mais uma ideia do que uma representação. Os motivos que ele gera são chamados racionais (*Vemunftmotive*). Governam a ação de uma forma tão direta quanto os motivos de percepção, mas, nesse caso, o comportamento é eminentemente consciente e reflexivo. De fato, quando a mente atinge essa altura serena, já não toma conhecimento dos conflitos de dever que assombram a consciência comum. O entendimento é o campo de batalha reservado a esses conflitos interiores.

Esses três tipos de motivo não são diferentes em natureza. Há entre eles apenas diferenças de grau. Primeiro, com o tempo e o hábito, os motivos de razão e os do entendimento se tornam automáticos e se transformam em motivos de percepção. Essa transformação não é uma degradação; existem vantagens no fato de a moralidade se fixar e consolidar. Por sua vez, os motivos da percepção e do entendimento já são motivos racionais, embora não conscientes. Com efeito, todo sentimento inclui e intensifica uma infinidade de experiências e ideias que a mente consciente não percebe e que apenas a análise reflexiva é capaz de redescobrir e distinguir. Quando uma pessoa arrisca a vida por outra sem pensar, é porque ela sente mais ou menos claramente que se identifica com a pessoa salva. Mas essa ligação que nos une aos nossos semelhantes é apenas um dos laços inúmeros e invisíveis que nos colocam em comunicação cada vez mais próxima com o espírito da humanidade e sob seu domínio. Existe, portanto, na base de todos os motivos da conduta moral uma vaga imagem da totalidade de que somos parte e da solidariedade que nos prende a ela. Essa representação é obscura e incompleta nos motivos de percepção, e mais reflexiva e precisa nos motivos do entendimento. Mas é apenas nos motivos racionais que ela tem plena consciência de si própria. Nesse caso, o motivo coincide com o fim.

As Normas

Os fins morais têm o caráter particular de serem considerados obrigatórios. Uma pessoa normal não pensa neles sem pensar, ao mesmo tempo, que devem ser cumpridos. Em outras palavras, a concepção desses fins não é um fato primitivo da consciência; pelo contrário, eles nos aparecem como implicados em julgamentos dotados de caráter imperativo. A análise os separa e isola, mas nesse estado não passam de abstrações intelectuais. O que é realmente primário e concreto na vida moral são as normas, os preceitos de que deriva todo o resto.

Como são possíveis esses julgamentos imperativos? Eles foram concebidos como ordens soberanas de um poder misterioso que nos fala e nos comanda. Mas tais explicações, independentemente de sua forma, não têm valor hoje, pois partem da premissa de que a lei moral é imutável e gravada na pedra desde a eternidade e para a eternidade, quando sabemos que as ideias morais estão sujeitas a evolução. Ademais, é um erro acreditar na necessidade da existência de um mecanismo inteiramente especial e extraordinário que permita às pessoas reconhecer proposições como universais e incondicionais. Os julgamentos morais não são os únicos sujeitos a dúvida; existiram e ainda existem outros julgamentos assim, que às vezes devem esse caráter apenas a motivos muito fracos e fúteis. Temos aqui uma aplicação particular da lei da heterogeneidade de causa e efeito. O caráter obrigatório que marca as máximas morais resulta de causas que praticamente não têm relação com os efeitos que produziram.

Com efeito, são motivos perfeitamente inteligíveis que dão aos fins morais tal autoridade. Existem quatro espécies diferentes desses motivos, que marcam como que graus distintos mas cada vez mais elevados na escala da moralidade. Dada a sua natureza prescritiva, Wundt lhes dá o nome de motivos imperativos. O primeiro é o medo da coação e, em particular, da coação externa ou física. Essa é a forma mais baixa de caráter moral, mas é suficiente para assegurar a estrita legalidade das ações. Acima dela está a coação interna e moral imposta a cada um de nós pela opinião pública e o respeito que lhe atribuímos. São esses os dois imperativos da coação (*die Imperative des Zwangs*); muito acima deles estão os imperativos da liberdade (*die Imperative der Freiheit*). Os primeiros produzem apenas sinais e sintomas de conduta moral, os últimos têm origem na consciência do agente. Um dos imperativos superiores é a satisfação duradoura deixada pela ação moral. Tudo o que foi dito acima demonstra que é esse o efeito da virtude. O mal consiste em pôr demasiado interesse no transitório, pois tudo o que é imediato só é capaz de se relacionar com os prazeres passageiros. A moral, ao contrário, nos liga ao eterno, e o prazer que oferece participa da constância desse objeto. Finalmente, há ainda um motivo, superior aos outros, que só é experimentado por uma elite. E o produto da atração que só a contemplação do ideal moral exerce. Quando atinge a plena posse de si mesma, a consciência moral abandona, por inúteis, todas as condutas artificiais, todos os motivos suplementares que servem para as almas medíocres ou apenas médias. A causa, nesse caso, se confunde com o efeito.

É assim que se formam as regras que motivam o comportamento. As que encontramos na nossa consciência e que são, como dissemos, os fatos primitivos da moral, são especiais e particulares. A tarefa do moralista é coordenar essa multidão incoerente de prescrições e reduzi-las a umas poucas normas gerais que resumam o conjunto da moral. Existem naturalmente tantas dessas normas fundamentais quantos são os fins morais, ou seja, três. Mas cada uma delas tem natureza dupla e assume duas formas conforme esteja dirigida ao alcance objetivo da ação ou ao estado subjetivo do agente. Assim se obtém o seguinte quadro:

Normas Individuais

Forma subjetiva: Pensa e age de modo a jamais perder o respeito por ti mesmo.

Forma objetiva: Cumpre os deveres que te impuseste, seja em relação a ti, seja em relação aos outros.

Normas Sociais

Forma subjetiva: Respeita teu próximo como a ti mesmo.
Forma objetiva: Serve a comunidade à qual pertences.

Normas Humanas

Forma subjetiva: Considera-te como um instrumento a serviço do ideal moral.
Forma objetiva: Deves sacrificar-te pelo objetivo que reconheceste como teu ideal moral.

Esta análise, acreditamos, confirma o que anunciamos inicialmente: a obra de Wundt constitui uma proposta para reunir todos os esforços isolados mencionados nas Partes 1 e 2 acima. Os ensinamentos do socialismo acadêmico, os dados da psicologia social (*Völkerpsychologie*) e alguns dos pontos de vista de Jhering formam a trama dessa doutrina.

Na verdade, percebe-se nela também a influência de uma origem ligeiramente diferente. Essa massa imponente de fatos é animada por um sopro de idealismo que o autor atribui a Kant, embora nada pareça conter de muito particularmente kantiano. De fato, para Kant o imperativo categórico não é vago nem indeterminado; seus comandos são muito precisos e ele fala com igual clareza ao ignorante e ao inteligente. Quando fala de um ideal moral indefinido e indefinível de que poucas mentes tomam consciência, Wundt faz lembrar antes Fichte do que Kant. Em todo caso, não há nada de transcendental nem de místico no idealismo de Wundt, quer este se aproxime do de Kant ou do de Fichte. Ele não consiste numa intuição do além, numa fuga para o infinito, mas apenas numa antecipação da experiência. É um postulado necessário para que Wundt seja capaz de explicar os fatos. Sua doutrina assume assim uma forma mais complexa e até mesmo um caráter mais eclético; mas continua sendo uma tentativa de moral experimental, apesar de suas conclusões talvez excessivas.

A perspectiva de Wundt marca de duas formas um progresso em relação às teorias morais anteriores que discutimos. Vimos a influência atribuída pela maioria desses moralistas ao cálculo e à vontade humana na evolução das ideias morais. De acordo com essas primeiras teorias, as grandes instituições da moral e da sociedade foram, pelo menos em parte, criações conscientes. E, se a reflexão construiu o mundo social, ela pode também reestruturá-lo; se a sociedade é o produto da lógica, a lógica é capaz de reconstruí-la. Em outras palavras, para saber como é feito o mundo social, a mente só precisa se perguntar como procede ao fazê-lo; a observação é inútil, a dedução é suficiente. Observar ou experimentar é resignarmo-nos a modelar nossas ideias pelas coisas; mas esse método só é necessário se as coisas não seguirem sempre as leis do entendimento. Portanto, embora essa escola de moralistas possa ser caracterizada como tendo verdadeiro horror a abstrações lógicas e profundo sentimento da complexidade dos fatos, mesmo assim, devido ao enorme papel que atribui ao planejamento e à previsão no desenvolvimento social, ela sempre termina substituindo a observação por raciocínios e dialética.

Wundt rompe completamente com esse método. Diz repetidamente que não se trata de saber o que deveria ser em boa lógica, mas o que é. Assim, a explicação oferecida por Jhering sobre os costumes e suas origens já não é satisfatória; ele os vê como hábitos úteis que gradualmente se generalizam. Entretanto, de acordo com Wundt, é a observação e não a razão que deveria dar resposta a essa questão, e a observação nos diz que costumes sociais nunca derivaram de hábitos privados. Por mais estranho que pareça, os costumes foram sempre produzidos por outros costumes ou, originalmente, por práticas religiosas. Isso não poderia ser previsto pela lógica apenas. Ademais, Wundt não se contenta em afirmar a discordância entre a lógica e os fatos; ele mostra a razão disso. Diz que ela acontece porque os motivos que estão por trás de nossas ações não se conformam aos fins que elas realizam, e são os fins que são importantes porque somente eles dão às nossas ações o seu valor moral. Como tem um papel meramente secundário na formação das ideias morais, o raciocínio tem também um papel pouco significativo na ciência que as explica. Na verdade, essa não é a única razão que torna necessário o uso do método experimental na moral. Com frequência — talvez na maior parte do tempo — ignoramos não apenas os objetivos distantes de nosso comportamento, mas também os motivos reais que o governam. Nossa ação não apenas avança além do alcance de nossa consciência por uma espécie de ricochete inesperado, mas se origina fora da consciência. Agimos sem saber as razões, ou as que supomos ser nossas razões não são as verdadeiras. A heterogeneidade de motivos e objetivos, como Wundt a definiu, permanece uma verdade importante que ele teve o mérito de formular e de estabelecer indutivamente.

Por outro lado, como os fenômenos morais variam com o tempo e o lugar, os socialistas acadêmicos e os juristas da escola histórica tiveram certa tendência a ver na moral mais uma arte do que uma ciência. De acordo com eles, cabe a cada época ver o que melhor lhe convém e construir sua própria moral, a questão principal sendo a capacidade prática da sociedade e de seus líderes. Eles talvez não chegassem ao ponto de negar que esses fatos poderiam se tornar materiais para a ciência, mas tinham uma desconfiança instintiva por regras e categorias gerais. Schäffle já havia rejeitado essa doutrina. Wundt, por sua vez, mostra que, se as ideias morais evoluem, sua evolução segue leis que a ciência é capaz de determinar, e faz da determinação dessas leis o problema primário da ética.

Existe, entretanto, um ponto em que Wundt deixa regredir ligeiramente a ideia que reúne todas essas teorias. Já vimos que para todos os moralistas discutidos aqui a função essencial da moral era ajudar as pessoas a se ajustarem umas às outras assegurando assim o equilíbrio e a sobrevivência do grupo. De acordo com Wundt, a moral só conserva essa característica de uma forma um tanto apagada. Ela é, sem dúvida, uma condição necessária à existência das sociedades, mas ocorre de forma não deliberada e como efeito secundário. O verdadeiro objeto da moral é fazer o indivíduo sentir que não é o todo, e sim parte do todo, e avaliar o quanto é insignificante quando comparado ao meio que o envolve. Como a sociedade é apenas um dos círculos desse meio — o mais imediato —, uma consequência da moral é tornar a sociedade possível. Mas essa consequência é, em última análise, involuntária e fortuita.

A moral é o resultado dos esforços feitos pelo homem para encontrar um objeto duradouro a que possa se prender e para experimentar uma felicidade que não seja transitória. Ao olhar para além de si mesmo e ao empreender essa busca, os primeiros objetos que ele encontrou foram a família, a cidade e a nação, e nisso ele se deteve. Geralmente esses objetos não têm valor em si mesmos, mas apenas por simbolizarem, mesmo que de forma imperfeita, os ideais que as pessoas buscam. Resumindo, embora a sociedade seja um dos meios pelos quais o sentimento moral se realiza, a moral cria a sociedade como um subproduto, e junto os instintos e tendências necessários a ela. Mas essa é apenas uma das fases transitórias por que passa a moral, uma das formas que ela atravessa sucessivamente.

Dito isto, entretanto, uma das propriedades essenciais da moral se torna inexplicável: a sua força obrigatória. Wundt reconhece em princípio esse caráter, mas também é preciso dizer de onde a moral recebe tal autoridade e em nome de quem a exerce. Se a moral é vista como um mandamento passado a nós. pela divindade, então ela é exercida em nome de Deus; se consiste numa disciplina social, é exercida em nome da sociedade. Mas se não é considerada nenhuma das duas coisas, não se pode saber de onde a moral adquire o direito de dar ordens. Seria possível afirmar que é lógico a parte submeter-se ao todo? Mas a lógica governa apenas a mente, não a vontade: o objetivo de nossa conduta não é a verdade, mas a utilidade ou o bem. Recebemos a garantia de que ainda vamos descobrir o real valor dessa obediência e que ela nos trará felicidade. Pode ser verdade, mas somente o interesse na nossa felicidade não será jamais a fonte de autênticos imperativos. O que é desejável não é obrigatório. Quando agimos contrariamente aos nossos próprios interesses, por mais importantes que sejam, nosso arrependimento não é remorso. Não somos capazes de nos obrigar; toda ordem pressupõe pelo menos uma coação ocasional e, portanto, um poder superior capaz de nos coagir. Uma necessidade ou aspiração, entretanto, é apenas uma parte do eu, normalmente não separada dele.

Assim Wundt reconhece dois tipos de imperativos: os relativos à coação e os relativos à liberdade. Mas quem não percebe que os termos "imperativo" e "liberdade" têm dificuldade de se conciliar?

O primeiro, evidentemente, só aparece por razões de simetria; Wundt acredita que a moral em sua forma mais elevada não é obrigatória.

É realmente verdade que os homens com alto senso moral se submetem sem dor ou sacrifício, até com alegria, a essa obrigação; mas isso não quer dizer que ela não exista para eles ou que eles não a sintam. O dever, mesmo quando aceito com entusiasmo, será sempre um dever, e nunca se viu uma moral em que o dever não fosse uma noção mais ou menos dominante. Portanto, surge novamente a questão: a quem devemos obrigação? A nós mesmos? Isso é apenas um jogo de palavras: o que é uma dívida, se somos ao mesmo tempo credores e devedores?

Seguramente, a ideia fundamental dessa doutrina é tanto justa quanto profunda e poderia ser aceita até mesmo pela mais empírica das teorias morais. A verdade é que temos necessidade de crer que nossas ações não esgotam instantaneamente todas as suas consequências, que elas não são válidas apenas para aquele ponto no tempo e espaço em que ocorrem, mas que suas consequências se estendem em duração e alcance. De outra forma, elas representariam muito pouco; apenas uma linha fina as separaria do nada e elas não teriam interesse algum para nós. Apenas as ações duradouras valem o sacrifício de serem voluntárias; somente os prazeres duradouros valem o sacrifício de serem desejados. Não há dúvida de que nem todos sentem da mesma forma essa necessidade. Para a criança e o primitivo, o futuro mal passa do instante seguinte. O adulto e a pessoa civilizada de educação média se avaliam em meses ou anos; a pessoa superior deseja uma perspectiva ainda mais longa. Todos aspiram a sair do presente, que consideram muito estreito. A perspectiva do nada é um suplício intolerável; e como está sempre diante de nós, o único meio de escapar dela é viver no futuro.

Nenhum de nossos fins tem valor absoluto, nem mesmo a felicidade — como já demonstrou um utilitarista.[5] Se nos atraem, é porque acreditamos neles por comparação com outras coisas. Se não fosse assim, se tivéssemos sempre de perceber que atrás desses

---

[5] John Stuart Mill, *Memories*, cap. 5.

fins relativos não há nada, apenas o vazio, seria quebrado o encanto que nos atrai para eles, e a vida perdería o sentido e o atrativo. Se nossos esforços não nos levam a nada que seja duradouro, eles são inúteis; para que labutar em vão?

Assim o individualismo, por separar o indivíduo de tudo mais, por confinar a pessoa a si própria, fecha todos os horizontes e conduz diretamente ao pessimismo. O que é um prazer pessoal, se tão pobre e tão efêmero? Na verdade, não existe objeção melhor à moral utilitarista e individualista. Só por ser um fator importante na evolução da moral, deve essa necessidade ser considerada o fator essencial? Parece-nos que isso ainda não foi demonstrado. Seria possível alegar, ao contrário, que a moral é acima de tudo uma função da sociedade e somente por uma coincidência feliz as sociedades, como duram infinitamente mais que o indivíduo, oferecem uma satisfação menos efêmera? Mas por que, perguntará Wundt, se deve atribuir valor tão alto à sociedade? Em parte, porque ela é útil aos nossos interesses, mas acima de tudo porque é o único domínio em que nossas inclinações sociais são satisfeitas, e tais inclinações são o produto da afinidade entre semelhantes que se observa por toda parte na natureza.

O que conduziu Wundt à sua doutrina foi seu excessivo desprezo pelo indivíduo. Mas se as árvores não devem esconder a floresta, a floresta também não deve esconder as árvores. É verdade que Wundt reconhece a grande importância do esforço individual; sabemos o lugar que ele atribui à influência dos grandes homens na evolução das sociedades. Mas ele deprecia significativamente o prazer real que sentimos ao atingir nossos objetivos pessoais. Se não há felicidade nas pequenas coisas da vida, não haverá felicidade na abundância. Se os fins imediatos da ação não têm encanto, os objetivos mais distantes não nos atrairíam. Não se pode tomar literalmente as figuras de linguagem. As alegrias que uma pessoa encontra em si mesma são limitadas e breves, mas ainda assim são positivas; caso contrário, por maior que fosse seu crescimento e desenvolvimento, seria nula a sua felicidade. No fim de contas, Wundt combate o pessimismo, mas concedendo-lhe seu ponto de partida. Se a vida do indivíduo não tem valor, por menor que seja, o que resta não tem valor, e para esse mal não existe remédio. Quem coloca um verme sobre uma flor, deve esperar encontrá-lo na fruta.

Dessa forma, como é repleta de tristeza a felicidade que nos prometem! O que pode ser essa corrida sem fim em busca de um ideal que nunca seremos capazes de atingir, senão um esforço longo, doloroso e sem esperança para fugir de nós mesmos, para perder de vista a realidade, para nos entorpecermos a ponto de não sentir a miséria de nosso destino precário? Prefiro mil vezes as palavras dos sábios de antanho que recomendavam acima de tudo um autocontrole completo e pacífico. Não há dúvida de que, para seu contínuo desenvolvimento, a mente necessita ter diante de si amplos horizontes, mas ela continua finita e não altera sua natureza. E por isso que ela se perturba e se confunde com a noção de infinito. O sentido do ilimitado tem sua grandeza, mas é doloroso e tem algo de mórbido. Precisamos saber para onde vamos, ou pelo menos que vamos a algum lugar. Pode-se mover o objetivo que procuramos para tão longe quanto se queira, mas é necessário que o percebamos e que sejamos capazes de, vez por outra, medir nosso progresso em direção a ele. Se ele se afasta com a mesma velocidade com que avançamos, estamos correndo no mesmo lugar. Existe coisa mais desanimadora?

É verdade que o ideal romano estava mais próximo dos romanos que o nosso está de nós. O ideal parece se afastar à medida que avançamos; mas isso é uma ilusão de ótica. Nosso ideal atual não é o anterior que se afastou; é um novo ideal que substituiu o velho, assim como as sociedades modernas tomaram o lugar do Império Romano. Ele há de durar enquanto durarem essas sociedades, e desaparecerá quando elas desaparecerem, abrindo espaço para outras sociedades que terão outros ideais. E verdade que as sociedades não improvisam a si próprias, que não surgem abruptamente do nada; elas se reconstroem a partir dos escombros deixados pelas que desapareceram. Esses materiais serão organizados para atender a outros objetivos; e não existe garantia de que os novos fins sejam a continuação dos anteriores ou venham a constituir uma progressão linear.

Tocamos aqui no postulado em que se baseiam o método e a teoria de Wundt. De acordo com ele, existe uma *única* ideia religiosa que sucessivas religiões realizaram com clareza crescente ao longo da história; um *único* ideal moral que se desenvolveu através de todas as morais positivas; e uma *única* humanidade da qual as sociedades particulares são apenas encarnações simbólicas e provisórias. Assim, para determinar o que é essa moral ou essa religião, Wundt a estuda nas formas relativamente perfeitas que assumem entre os povos civilizados. Posta dessa forma, a questão admite apenas uma solução. Se as religiões e os ideais morais são todos de uma e da mesma espécie e perseguem um e o mesmo objetivo, tal objetivo deve se afastar sempre que dele nos aproximamos — a menos que se prefira admitir que chegará um dia em que a vida vai parar, pois seu progresso se terá completado.

Mas se a conclusão de Wundt é inevitável, as premissas não o são. Existem tantas morais quantos tipos sociais, e as das sociedades inferiores têm tanto direito ao título quanto as das sociedades cultas. Cada povo, ou pelo menos cada tipo de povo, tem seu objetivo, que persegue mais ou menos até ser substituído por outro tipo que estabelece um novo objetivo. O objetivo que buscamos não é tão infinito ou distante quanto parece. Se nosso ideal hoje parece mais distante do que em outras épocas, é porque exige mais tempo e esforço para se realizar. Se o vemos com menor clareza, é porque ele é mais complexo. Mas isso não o torna menos definido. O defeito está em nós, e não na natureza das coisas.

4. CONCLUSÃO: A. H. POST

Apesar dos detalhes diferentes que mencionamos, existem traços comuns entre essas doutrinas que devem ser observados. Até agora, todas as escolas de moral praticaram o mesmo método: a dedução. A única diferença entre a moral intuitiva e a moral dita indutiva é que a primeira toma uma verdade a *priori* por princípio, e a segunda, um fato da experiência. Mas, tanto para uma como para a outra, a ciência consiste em deduzir dessas premissas, uma vez postuladas, as consequências que elas implicam. Uma parte da noção de utilidade, a outra do conceito de bem ou de dever; mas é tão evidente para uma quanto para a outra que toda a moral está contida numa ideia simples e que é necessário apenas desenvolver essa ideia. De acordo com Mill, "A escola intuitiva de moral, assim como a chamada escola indutiva, insiste na necessidade de leis gerais. As duas escolas têm diferenças de opinião relativas apenas à evidência das leis morais e à fonte de onde retiram sua autoridade".[1] Spencer, por sua vez, longe de rejeitar o método dedutivo, critica o utilitarismo por não aplicá-lo com o necessário rigor. Numa carta hoje famosa, ele afirma: "Na minha opinião, o objeto da ciência moral deveria ser a dedução das leis da vida e das condições de existência, os tipos de ação que tendem necessariamente a produzir a felicidade e os que tendem a produzir infelicidade".

A concordância entre as duas escolas é ainda mais completa. Embora os princípios que representam o ponto de partida de suas

---

[1] *Utilicarianism*, cap. 1.

deduções não sejam os mesmos, eles foram obtidos pelo mesmo método. Primeiro, não se pode acreditar nos racionalistas e admitir que devem seu postulado fundamental apenas à intuição. Como poderia a razão pura, sem o auxílio da experiência, conter em si uma lei que regule exatamente as relações domésticas, econômicas e sociais? Como bem observou Secrétan, a razão pura nem tomaria conhecimento de que existem dois sexos. Assim, na verdade, essa suposta intuição significa uma visão sumária dos postulados da moral, um sentimento confuso das condições elementares de vida coletiva. Não existe um único racionalista que apele exclusivamente para a intuição; reconhecem todos mais ou menos implicitamente que não basta afirmar "As coisas são assim porque é assim que eu as vejo". Pelo contrário, por meio de um retorno disfarçado ao mesmo método dedutivo que a seguir empregam abertamente, eles demonstram que tem necessariamente de ser assim, e que pela lógica a lei moral deve ser apriorística, que os seres humanos são invioláveis, etc.

Seus adversários, por sua vez, não procedem diferentemente. Se dizem que a utilidade é o único fim de nossa conduta, não é por terem induzido essa proposição geral a partir de alguma observação metódica. Não verificaram que os costumes, regulamentos legais ou as máximas da moral popular não tinham de fato outro objetivo. Mas, assim como os outros sabem intuitivamente que não existe moral sem uma perspectiva desinteressada, esses teóricos sentem mais ou menos claramente ser impossível agir a menos que tenhamos interesse pessoal nas nossas ações. Ilustram esse ponto com alguns exemplos; então, para reforçar sua tese, fazem um apelo à racionalidade e à lógica e demonstram que seria absurdo as pessoas não visarem acima de tudo o seu próprio interesse. Dessa forma, ambas as escolas baseiam suas premissas na experiência incompleta e imprecisa que depois confirmam por meio de um apelo à razão dedutiva.

Mas esse método, sejam quais forem as conclusões dele extraídas, não é científico. Primeiro, não se demonstrou de forma alguma que a moral pode ser reduzida a uma única regra e contida em um único conceito. Quando se reflete sobre a prodigiosa complexidade dos fatos morais, sobre a multidão de crenças, costumes e disposições legais que aumentam a cada dia, não se pode deixar de perceber que essas fórmulas, que alguns afirmam constituir a moral em seu todo, são na verdade muito limitadas e simples. Mas digamos que realmente houvesse na vida moral uma lei mais geral que as outras, da qual as outras são apenas formas diferentes ou aplicações particulares: para chegar ao entendimento dessa lei seria ainda necessário seguir os métodos científicos comuns. Só existe uma forma de chegar ao conhecimento geral, é observar o particular: não superficialmente e em conjunto, mas minuciosa e detalhadamente.

Esses comentários se aplicam tanto a Mill quanto a Kant ou Spencer. Este último, apesar dos esforços que fez para reavivar o utilitarismo, não deixou de afirmar na forma utilitarista seu postulado fundamental, ou seja, que a moral tem por objetivo o progresso da vida individual, que bom e útil são sinônimos. Que seja esse o princípio da moral tal como ele gostaria que ela fosse, é possível; mas trata-se realmente de saber se é esse o princípio da moral tal como ela é. Talvez, se o utilitarismo estivesse correto, a vida moral fosse mais lógica e mais simples; mas não é tarefa do moralista reconstruir esse princípio, assim como não é tarefa do fisiologista reconstruir o organismo. Cabe a ele apenas observá-lo e, se possível, explicá-lo. Pelo menos é assim que se deve começar; a arte da moral só pode vir depois.

Mas mesmo que uma lei dominasse o conjunto da moral e que ela fosse conhecida por nós, não se poderiam deduzir dela aquelas verdades particulares que são a trama da ciência. A dedução só se aplica a coisas muito simples, ou seja, muito gerais. Como essas generalidades são universais, as imagens que as representam são sempre recorrentes. Elas se distinguem desde muito cedo da massa de outras impressões e se estabelecem com firmeza na mente. Formam sua camada mais profunda, sua base inalienável. A mente pode então agir sobre esses tipos de objeto sem sair de si mesma. Mas isso não se aplica a coisas complexas, ou seja, concretas. Como as representações que temos de coisas complexas são as últimas a aparecer na evolução da inteligência, elas não passam de esboços bastante inconsistentes das coisas. Assim a mente lhes dá a forma que quiser; é por isso que em assuntos desse tipo se pode demonstrar facilmente aquilo em que se crê ou o que se deseja.

Ora, os fenômenos morais são os mais complexos de todos; a aplicação a eles da dedução é totalmente injustificada. É claro que Spencer tem razão em dizer que não é por acaso que certos tipos de conduta são melhores que outros, e que "esses resultados devem ser consequências necessárias das coisas". Mas para ver como se produzem, é necessário seguir a relação entre uma causa e outra na realidade. O elo que liga as máximas da moral aos fatos iniciais dos quais derivam é em si um fato que só pode ser conhecido por meio de observação e experimentação. Alguém perguntará: se entendermos a natureza humana e a natureza do meio físico e social, seremos capazes de dizer como a primeira deve se adaptar à segunda? Em alguns casos simples, talvez; mas quando as circunstâncias são ligeiramente mais complicadas, a razão sozinha se torna muito fraca diante dos fatos, e a conclusão teórica teria uma grande possibilidade de não ser a melhor. E seria necessário mencionar, além disso, que ainda estamos longe de entender, mesmo de forma aproximada, a natureza humana ou a natureza da sociedade?

Essas observações teóricas foram necessárias para expor as inovações da escola alemã. Com efeito, ela é um protesto contra o uso da dedução nas ciências morais e um esforço para introduzir finalmente um método genuinamente indutivo. Todos os moralistas que discutimos estão plenamente cientes do pequeno alcance e artificialidade das doutrinas morais que até hoje dividiram os espíritos. A ética de Kant parece-lhes tão insuficiente quanto a dos utilitaristas. Os kantianos fazem da moral um fato específico mas transcendente, que escapa da observação científica; os utilitaristas reduzem-na a um fato da experiência, mas um fato inespecífico. Reduzem-na a esse confuso conceito de utilidade e nada veem nela senão uma psicologia ou sociologia aplicadas. Somente os teóricos alemães entendem os fenômenos morais como fatos ao mesmo tempo empíricos e *sui generis*.

A moral não é uma ciência aplicada nem derivada, é uma ciência autônoma. Tem seu próprio objeto, que ela deve estudar como o físico estuda os fatos físicos ou o biólogo estuda os fatos biológicos, e empregando os mesmos métodos. Seus fatos são os usos e costumes, prescrições do direito positivo e fenômenos econômicos que se tornam objeto de disposições legais. Ela observa, analisa e compara esses fatos, elevando-se progressivamente para descobrir as leis que os explicam. E claro que tem alguma relação com a psicologia, pois fatos morais têm suas condições no coração do indivíduo. Mas os fatos morais se distinguem dos psicológicos, ainda que apenas por sua forma imperativa. Ademais, fatos morais se relacionam a outros fatos sociais, mas não se identificam com eles. A moral não é uma consequência ou um corolário da sociologia, mas uma ciência social que existe paralelamente e no meio das outras.

Fora da Alemanha conhecemos apenas Leslie Stephen, que seguiu tal método e tentou desenvolver uma verdadeira ciência dos costumes. Essa ideia é portanto a que melhor caracteriza a escola alemã. Aos nomes que já mencionamos podemos acrescentar outros. Lorenz von Stein, em muitas de suas obras, pede aos juristas que não se satisfaçam em comentar o texto das leis, mas trabalhem para o desenvolvimento de uma ciência que busque, por meio da comparação das leis de diferentes nações, inferir as leis gerais dos fenômenos jurídicos. É verdade que ecleticamente ele mantém ao lado dessa ciência positiva uma filosofia do direito, com a tarefa de demonstrar a dignidade das pessoas e a verdade do imperativo categórico. Mas talvez a ciência que Stein advoga venha a se desenvolver e se organizar, tornando desnecessária a filosofia.[2]

Ainda assim é incontestável que a prática desse método teve o efeito de confirmar algumas das teses fundamentais do evolucionismo. Não existe um único desses moralistas que não reconheça que as ideias morais são produto da evolução. O que constitui tanto a sua originalidade quanto a sua superioridade, entretanto, é que as verdades que afirmam são as que eles próprios induzem do estudo direto dos

---

[2] Além de seu *Staatswissenschaft*, Stuttgart, 1852, ver o seu livro sobre o estado atual e futuro da ciência do direito e da ciência política na Alemanha (*Gegenwart und Zukunft der Kechts und Staatswissenschaft in Deutschlands*, Stuttgart, 1876).

fenômenos morais, e não de alguma hipótese plausível, e sem dúvida extremamente atraente, mas que não passa de uma conjetura.

Não pensamos de modo algum em contestar os princípios do evolucionismo; mas não nos parece que se possa basear nele uma ciência. Evolucionismo é uma ideia diretora, uma ideia que existe no fundo da mente das pessoas; é sugestiva e fértil, mas não é um método nem um axioma. Uma ciência parte de fatos, não de hipóteses. Não há dúvida de que, quando se inicia o desenvolvimento de uma ciência, conjeturas e opiniões subjetivas são praticamente tudo de que ela se constitui, e deve ser assim; mas gradualmente, à medida que se consolida e se eleva, as hipóteses se transferem da base para o topo. A hipótese evolucionista prestou grande serviço às ciências da moral; mas todos devem desejar que finalmente se desenvolva uma moral que não seja nem espiritualista, nem panteísta, nem evolucionista, mas apenas a ciência dos costumes.

Além disso, essas hipóteses têm o defeito de se terem formado por analogia; são verdades muito gerais confirmadas por grande número de fatos psicológicos e biológicos que as pessoas tentam agora aplicar à moral. A analogia é, sem dúvida, um instrumento útil de descoberta, mas tem o grande defeito de focalizar apenas as semelhanças existentes entre coisas e de deixar passar as características distintivas. Assim, alguém que tente basear toda a moral num princípio tomado da biologia ou da psicologia pode ter desde logo a certeza de que só vai perceber dos fatos morais o que eles têm de biológico ou de psicológico. De fato, é o que geralmente acontece com os moralistas evolucionistas, especialmente nas questões de patologia moral, também chamada de criminologia. É bem conhecido que os criminologistas dessa escola têm a tendência de considerar a hereditariedade o único fator do crime. Parecem esquecer que, como esses fenômenos são morais, deveriam derivar primariamente de causas morais, ou seja, de causas sociais. Não há dúvida de que, ao traçar a regressão das causas, alguém fatalmente iria encontrar fatos psicológicos ou orgânicos; mas se nos concentramos nessas condições remotas da vida moral, estaremos abrindo mão de explicar o que nela é mais pessoal e característico. A moral deveria portanto se estabelecer como uma ciência independente, com base própria, e é isso o que tenta fazer a escola alemã.

Mas esse método ainda necessita de muitos aprimoramentos. O defeito grave de todas as obras que analisamos até aqui é sua extrema generalidade. A maioria desses moralistas propõe a mesma questão que os espiritualistas e os utilitaristas, apesar de adotarem uma abordagem mais científica. Perguntam, de início, qual a fórmula geral da moralidade. Apesar de tentarem encontrar a resposta a essa pergunta por uma cuidadosa observação dos fatos, esse procedimento deixa a moral numa situação absolutamente excepcional entre as outras ciências positivas. Nem a física, nem a química, nem a fisiologia, nem a psicologia se reduzem a um problema único; consistem, pelo contrário, numa multidão de problemas particulares que se tornam a cada dia mais especializados. Não há dúvida de que o objetivo último do fisiologista é obter o conhecimento da natureza da vida, e o do psicólogo é obter o conhecimento da natureza da consciência; mas a única forma de se chegar a uma definição adequada de qualquer um dos dois fenômenos é estudar em detalhe todas as suas formas particulares, suas nuances e variedades.

É necessário proceder da mesma forma em moral. O bem, os deveres e os direitos não são dados da experiência. O que observamos diretamente são bens, direitos e deveres particulares. Para descobrir a fórmula que abrange todos é necessário estudar primeiro cada um em si e por si, em vez de tentar absorver num só fôlego uma definição geral da moralidade. Não é estranho colocar essas altas questões quando ainda não conhecemos, ou, na melhor das hipóteses, conhecemos muito pouco o que é o direito de propriedade, o contrato, o crime, o castigo, etc., etc.? Talvez chegue o dia da síntese, mas ele ainda não parece ter chegado. Portanto, o moralista só pode responder com uma confissão de ignorância à pergunta sempre repetida: "Qual é, ou melhor, quais são os princípios últimos da moral?"

É preciso renunciar definitivamente à ideia da moral como uma coisa comum, ao alcance de todas as inteligências. Não há dúvida de que existe uma moral comum; na verdade, não existe outra. Mas essa moral é objeto de ciência, não é ela própria uma ciência em si; ela não é autoexplicativa. Existe ainda um mundo a explorar, onde certamente muitas descobertas impressionantes serão feitas. Será provavelmente mais fácil determinar as leis da memória ou da digestão do que as causas dessas complexas ideias que se formaram lentamente ao longo de séculos.

Seria injusto afirmar que os alemães não sentiram a necessidade de introduzir maior especialização na moral. Todas as doutrinas que discutimos eram movidas, ao contrário, por um mesmo sentimento, o de que os conceitos nos quais a moral foi confinada até hoje são abstratos e vazios porque estão muito distantes dos fatos. Observamos que Wagner trata analiticamente as questões que propõe, e não podemos esquecer a passagem em que Schäffle lembra que não existe somente uma virtude, mas muitas; não apenas um dever, mas muitos. Ademais, os dois volumes finais de sua obra são dedicados em parte a uma análise de diferentes leis e costumes. Mas embora essa ideia esteja presente em todas essas obras, raramente ela é levada à sua conclusão lógica. Quase sempre a grande preocupação é chegar a uma formulação do princípio fundamental da moral. Todos os estudos especiais que observamos se subordinam diretamente a essa pergunta dominante, e assim contêm em si algo de prematuro. Percebe-se que quem se dedica a eles busca apenas comprovar a teoria que está propondo. O único moralista alemão que se dedicou ao estudo dos detalhes por si mesmos é Albert Hermann Post, de quem nos resta falar agora.

Post tem uma mente muito ativa e curiosa. Iniciou há vinte anos seus estudos de moral e de filosofia do direito, e com notável perseverança nunca abandonou a busca dessa ideia. Ao longo do tempo, suas doutrinas mudaram bastante. Publicou em 1867 uma pequena brochura intitulada *A lei natural do direito. Introdução a uma filosofia do direito com base na ciência empírica moderna* (*Das Naturgesetz des Rechts. Einleitung in eine Philosophie des Rechts auf Grundlage der modernen empirischen Wissenchaft*) marcada pelo espírito de Kant e Schopenhauer. Em sua última obra, entretanto, ele se define como evolucionista. No intervalo, publicou grande número de trabalhos sobre o mesmo assunto: *A sociedade doméstica dos tempos primitivos e o surgimento do casamento* (*Die Geschlechtsge-*

nossenschaft der Urzeit und die Entstehung der Ehe, 1875); *A origem do direito* (*Der Ursprung des Rechts,* 1876); *Origens do Estado e do direito* (*Die Anfánge des Staats-und Rechtslebens,* 1878); *Elementos para uma ciência geral do direito baseada na etnologia comparada* (*Bausteine für eine allgemeine Rechts-Wissenschaft auf vergleichend ethnologischer Basis,* 2 vols, 1880 – 1881). Finalmente, a obra que mencionamos mais acima foi publicada em 1884: *Fundamentos do direito e traços gerais de seu desenvolvimento histórico* (*Die Grundlagen des Rechts und die Grundzüge seiner Entwicklungsgechichte*). O *livro* começa com algumas generalizações do direito e costumes que não são a melhor parte da obra, e que ocupam espaço muito pequeno.[3] O resto está repleto de fatos e opiniões interessantes. O autor identifica os principais fenômenos jurídicos e acompanha sua evolução em termos gerais. Infelizmente, essa análise não pode ser resumida, pois oferece um número muito pequeno de conclusões gerais. O autor se devota quase inteiramente a nos relatar as sucessivas transformações por que passou o direito.

Ora, a ciência dos costumes não deve ser confundida com a história dos costumes de onde extrai seu material. Descrever a evolução de uma ideia ou instituição não significa explicá-la. Mesmo que conheçamos a ordem das fases por que passou, não sabemos suas causas nem sua função. Não há dúvida de que Post indicou as razões das transformações que descreve, mas só o faz de maneira hipotética e sem precisão. Para estabelecer rigorosamente uma relação causal é preciso observar em circunstâncias diferentes os fenômenos entre os quais essa relação é presumida; é preciso ter a capacidade de estabelecer comparações metódicas. Mas só se consegue comparar esses fenômenos se reunidos num único campo de consciência e situados no mesmo nível. A história torna impossíveis todas as comparações, pois coloca os fatos em sequência linear e os classifica em diferentes níveis. Completamente ocupado em distinguir entre si os diferentes fenômenos e em marcar o ponto

---

[3] A. H. Post, *Die Grundlagen des Rechts und die Grundzüge seiner Entwicklungsgechichté*, 1884, p. 1-30.

de cada um no tempo, o historiador perde de vista o que eles têm em comum. Percebe apenas acontecimentos particulares e os liga entre si; mas, por permanecer no particular, não produz um relato científico.

O papel do moralista é quebrar essas longas cadeias de fenômenos, reunir os elos da cadeia mesmo quando separados por longos intervalos de tempo, compará-los entre si e extrair as características comuns. Só assim haverá progresso na descoberta das verdadeiras leis da moral, ou seja, as relações causais entre fatos morais e as condições de que dependem. Digamos, por exemplo, que se examine o direito de propriedade. Mesmo que ele tenha evoluído singularmente, não seria difícil encontrar uma base comum entre as várias formas que assumiu. Ademais, se pudermos determinar dentre os fatos sociais envolvidos os que não se alteraram muito, teremos o direito de identificar nesses fatos as condições gerais características do direito de propriedade. Ou talvez preferíssemos estudar uma forma mais especial, por exemplo, o direito à propriedade pessoal; teríamos então de observar quais condições variam ao mesmo tempo e no mesmo grau que o próprio direito de propriedade. Não pretendemos que esses problemas tenham fácil solução. Fatos sociais são tão complexos, que durante muito tempo só conseguiremos obter hipóteses provisórias. Mas como essas hipóteses derivam dos fatos, elas terão pelo menos o valor da objetividade e poderão ser corrigidas e aperfeiçoadas à medida que aumenta o nosso conhecimento dos fatos.

Mais uma coisa: é necessário reconhecer que durante algum tempo não teremos condições de aplicar esse método à ética com o rigor que ele exige. De fato, é praticamente impossível observar a forma assumida por um determinado fenômeno jurídico em todas as nações, sem exceção. Então, o que podemos fazer? Dadas as circunstâncias, seremos forçados a nos confinar a umas poucas nações e desprezar o resto; todas as nossas comparações, por mais conscienciosas que sejam, não representarão a relação completa. O único remédio para esse defeito é construir uma classificação das sociedades humanas. Se as sociedades forem reduzidas a alguns tipos, seria suficiente examinar o fenômeno que se quer estudar em cada tipo. Infelizmente, os historiadores, que deveriam nos oferecer essa classificação, não se interessam por essa questão. Entrincheirados nos próprios estudos, raramente se aventuram fora deles. Retribuem com juros o desprezo que os filósofos por tanto tempo lhes devotaram, e rejeitam qualquer aliança que imaginam poder comprometer o seu trabalho. E a teoria do cada um por si, e todos sofrem.

Finalmente, a conclusão de todo este estudo é que a ciência da moral está ainda em processo de nascimento. Relacionamos os esforços perseverantes dos nossos vizinhos para estabelecê-la e não subestimamos a sua importância. Não se pode negar, entretanto, que muita coisa ainda precisa ser feita; esse reconhecimento não nos custa nada. Talvez o progresso mais importante feito pela psicologia nos últimos vinte anos tenha sido o reconhecimento de que ela ainda engatinha. A moral só tem a ganhar se fizer o mesmo.

Haverá quem diga, é claro, que aqui há interesses práticos em jogo. Não se abalarão as crenças morais das pessoas quando se reconhecerem suas causas obscuras? Pelo contrário, a concepção da ciência dos costumes que expusemos é a melhor salvaguarda para a fé tradicional, pois a protege de seu pior inimigo, o racionalismo. Se alguém acredita que conceitos morais possam ser justificados dialeticamente, será o fim deles. Como são muito complexos, e as formas de argumentação lógica muito simples, será fácil mostrar que eles são absurdos. Algumas boas mentes, e algumas das grandes, talvez se orgulhem de ter participado de sua destruição. Mas se forem admitidos os princípios descritos acima, então se poderá dizer aos jovens e a todos que nossas crenças morais são o produto de uma longa evolução, que são o resultado de uma sucessão infinda de passos cautelosos, trabalho duro, fracassos e toda sorte de experiência. Nem sempre é possível perceber as causas que explicam nossas crenças morais, porque suas origens são muito distantes e complexas. Portanto, devemos tratá-las com respeito, pois sabemos que a humanidade, depois de tanto sofrimento e trabalho, não encontrou nada melhor. Podemos estar certos, pelas mesmas razões, que encontraremos mais sabedoria acumulada nelas do que na mente dos maiores gênios. Seria uma infantilidade tentar corrigir os resultados da experiência humana com nosso próprio julgamento limitado.

Sem dúvida, chegará o dia em que a ciência da moral terá avançado tanto que a teoria será capaz de regular a prática; mas ainda estamos longe desse dia, e enquanto ele não chega o melhor é guardar os ensinamentos da história. A moral teria assim reunido em nossas mentes a autoridade necessária, pois se apresentaria a nós como o resumo e a conclusão, provisórios que sejam, da história humana.[4]

---

[4] Este ensaio já estava com o editor quando recebemos uma brochura de Wundt intitulada *Zur Moral der Letterarischen Kritik*, Leipzig, 1887. Trata-se de uma resposta forte a um artigo publicado no *Preussischen Jahrbücher* resenhando a Ética de Wundt. De acordo com as passagens citadas por Wundt, cabe perguntar se o autor da resenha realmente leu o trabalho de que fala.

APÊNDICE[1]

O ESTADO, A MORAL E O MILITARISMO (1899)

As antigas formas de civilização jamais desaparecem completamente, mas regressam aos poucos. Cabe, portanto, crer que a guerra subsistirá sempre, mas ocupando um lugar cada vez menor na vida das sociedades. Seu antagonista natural é o sentimento de fraternidade humana, a simpatia que o homem tem pelo homem de um modo geral, sejam quais forem as suas origens étnicas e a sua nacionalidade. Ora, por maiores que sejam os progressos feitos por esse sentimento, ele ainda só tem toda a sua força entre povos de mesma civilização e, mesmo ali, permanece sujeito a muitas fraquezas passageiras. Estão longe os tempos em que a dor de um selvagem nos comoverá com tanta força quanto a de um civilizado, e o amor próprio nacional conseguirá mais de uma vez abafar a voz da solidariedade humana.

Mas se convém resignarmo-nos à guerra como a uma necessidade histórica, é insensato fazer a sua apologia como certos homens de estado tentaram recentemente. Quero admitir que, ainda hoje, ela ainda tenha alguma utilidade; creio, aliás, que seja científico estabelecer como princípio que nada há de real que não tenha alguns efeitos úteis. De qualquer modo, ela está evidentemente destinada a perder cada vez mais terreno; portanto, é ir contra a evolução histórica procurar lhe conservar artificialmente e

---

[1] Textos traduzidos por Roberto Leal Ferreira.

ainda que, um valor moral que ela não tem mais, nem deve ter. Se antigamente ela tinha sua serventia e se, em certa medida, ainda a tem, é porque incitava os homens à prática do que poderíamos chamar de coragem violenta, isto é, ao desprezo à vida, ao gosto pelo perigo. Mas temos cada vez mais necessidade de qualidades de tipo completamente diferente. O cientista, o engenheiro, o médico, o industrial empreendedor também precisam de resistência e de energia, mas de uma resistência mais silenciosa, de uma energia menos ruidosa, mais calma e mais contínua. Precisamos, portanto, formar-nos em outra escola. Assim, não podemos considerar normal a maneira como a guerra ainda é celebrada, como tampouco a recrudescência do militarismo de que hoje somos testemunhas.

Essa recrudescência, pelo menos no que diz respeito ao nosso país, parece-me estar ligada a circunstâncias passageiras. As lembranças de 1870, o desejo de vingar a derrota, fazem que a França dedique ao seu exército, instrumento necessário da desforra, um culto realmente supersticioso. Fomos educados com essa ideia de que ela era o supremo pensamento e nos deixamos absorver por tal ideia. Isso fez que o exército deixasse de ser uma profissão como as demais; tornou-se algo intangível e sagrado. O mero fato de submetê-lo à crítica da razão aparece como uma impiedade. Não chegamos a declará-lo infalível? Eu sei que há, sem dúvida, muito verbalismo nesse fetichismo. Eu diria até que o temo, pois as manifestações tumultuosas desse pretenso nacionalismo nos impedem de cultivar, como seria o ideal, um patriotismo mais sério. Atualmente, contudo, o exército adquiriu um prestígio exorbitante, que começamos, enfim a perceber o perigo.

As consequências dessa situação vêm se desenvolvendo ante os nossos olhos. Um grupo social, assim colocado à parte e acima dos outros, devia necessariamente chegar a se isolar em si mesmo e a olhar de cima, sem muita simpatia, as ideias, as necessidades, as aspirações da sociedade ao seu redor. Por outro lado, há uma contradição interna em que um povo como o nosso, cujo papel histórico e a razão de ser foram proclamar os direitos do livre exame e a supremacia do poder civil, conceda tal preponderância ao poder militar e à servidão intelectual por ele encarnado. Dois princípios tão contrários não podiam coexistir sem chegar, mais dia, menos dia, a se chocar com violência; e é a esse conflito que hoje assistimos. O único remédio que vejo para esse mal consiste em orientar de outro modo a educação pública, para subtrair do espírito nacional esse deplorável monoideísmo. Sem dúvida, precisamos ser [fortes] para sermos respeitados; mas uma grande nação tem mais o que fazer do que polir perpetuamente as suas armas. Deve ter outras preocupações: há outras ideias, além daquela, em que todos os franceses podem comungar juntos, outros fins a perseguir em comum. O culto do direito, o respeito à lei, o amor à liberdade, a justa preocupação com os deveres e as responsabilidades, quer emanadas dos indivíduos, quer da coletividade, a necessidade de uma justiça distributiva mais equitativa, são sentimentos que nada têm de militar e que não estão muito sólidos nas consciências. Ora, a experiência mostrou que só havia raízes muito fracas. Se tal ideal for desejado mais ativamente, se não nos contentarmos em celebrá-lo verbalmente, se os que instruem a juventude o introduzirem mais na carne e no sangue do povo, o exército perderá a situação transcendente que detém.

Todavia, para que o exército aceitasse sem resistência ser assim reconduzido ao nível comum, seria preciso que ele se abrisse mais a esse mesmo espírito. Para isso, seria necessário multiplicar os pontos de contato entre o corpo dos oficiais e a sociedade civil. É preciso acabar com a lenda do soldado que ignora tudo o que se passa ao seu redor, que é estranho às paixões e às crenças de seus contemporâneos. Esta é a única maneira de fazer cessar o divórcio moral de que padecemos.

A ELITE INTELECTUAL E A DEMOCRACIA

Escritores e cientistas são cidadãos; é, pois, evidente que têm o dever estrito de participar da vida pública. Resta saber de que forma e em que medida.

Os homens de pensamento e de imaginação não parecem que sejam particularmente predestinados à carreira propriamente política, pois esta exige, antes de tudo, qualidades de homens de ação. Mesmo aqueles cujo ofício é meditar sobre as sociedades, mesmo o historiador e o sociólogo, não me parecem muito mais aptos a essas funções ativas do que o literato ou o naturalista; pois pode ter-se o gênio que faz descobrir as leis gerais pelas quais se explicam os fatos sociais no passado sem que nem por isso se possua o sentido prático que faz adivinhar as medidas exigidas pelo estado de um determinado povo, num momento determinado de sua história. Assim como um grande fisiologista é em geral um clínico medíocre, um sociólogo tem boas probabilidades de tornar-se um político muito incompleto.

Sem dúvida, é bom que os intelectuais estejam representados nas assembleias deliberantes; além de sua cultura permitir-lhes contribuir para as deliberações com elementos de informação que não são negligenciáveis, são eles mais qualificados que ninguém para defenderem, junto aos poderes públicos, os interesses da arte e da ciência. Mas para cumprirem essa tarefa, não é necessário que sejam numerosos no Parlamento. Aliás, podemos nos perguntar se — salvo em alguns casos excepcionais de gênios eminentemente dotados — é possível tornar-se deputado ou senador sem cessar, na mesma medida, de ser escritor ou cientista, tanto são diferentes as orientações de espírito e vontade que esses dois tipos de função implicam!

É, portanto, a meu ver, principalmente pelo livro, pela conferência, pelas obras de educação popular que a nossa ação deve se exercer. Antes de tudo, nós devemos ser conselheiros, educadores. Nossa missão é muito mais ajudar os nossos contemporâneos a se reconhecerem em suas ideias e seus sentimentos do que governá-los; e, no estado de confusão mental em que vivemos que papel mais útil há para se desempenhar? Por outro lado, nós o desempenharemos ainda melhor se limitarmos a isso a nossa ambição. Ganharemos ainda mais facilmente a confiança popular se nos atribuírem menos segundas intenções pessoais. Não se deve suspeitar no conferencista de hoje o candidato de amanhã.

Dizia-se, porém, que a multidão não era capaz de compreender os intelectuais, e responsabilizaram a democracia e seu suposto espírito beócio pela espécie de indiferença política demonstrada por cientistas e artistas durante os vinte primeiros anos da nossa Terceira República. Mas o que mostra o quanto tal explicação carece de fundamento é que essa indiferença acabou tão logo foi colocado ante o país um grande problema moral e social. A longa abstenção anterior vinha, portanto, mui simplesmente da falta de uma questão capaz de apaixonar. Arrastava-se miseravelmente a nossa política por questões pessoais. Dividíamo-nos sobre a questão de saber quem devia ter o poder. Mas não havia uma grande causa impessoal a que pudéssemos consagrar-nos, nenhum objetivo elevado a que as vontades pudessem voltar-se. Acompanhávamos, pois, mais ou menos distraídos, os minúsculos incidentes da política cotidiana, sem sentirmos necessidade de nela intervir. Mas tão logo uma grave questão de princípio foi levantada, vimos os cientistas saírem de seus laboratórios, os eruditos deixarem seus gabinetes, aproximarem-se da multidão, misturarem-se à sua vida, e a experiência provou que eles sabiam fazer-se ouvir por ela.

    A agitação moral suscitada por esses acontecimentos não se extinguiu, e sou um daqueles que pensam que ela não deve extinguir-se, pois é necessária. É a nossa pasmaceira de antes que era anormal e constituía um perigo. Lamentemo-lo ou não, o período crítico aberto pela queda do antigo regime não está encerrado, longe disso; mais vale tomar consciência disso que entregar-se a uma segurança enganosa. A hora do repouso não soou para nós. Há muito que fazer para que não seja indispensável manter perpetuamente mobilizadas, por assim dizer, as nossas energias sociais. É por isso que creio ser preferível a política adotada nestes quatro últimos anos à que a precedeu. Isso porque ela conseguiu conservar uma corrente duradoura de atividade coletiva, de certa intensidade. Estou, é claro, longe de crer que o anticlericalismo baste para tudo; tenho até pressa em ver a sociedade apegar-se a fins mais objetivos. Mas o essencial era não nos deixarmos cair de volta no estado de estagnação moral em que nos demoramos por um tempo longo demais.